国家社科基金重大项目“生态文明建设背景下自然资源治理体系构建：
全价值评估与多中心途径”（15ZDA052）

国家自然科学基金面上项目“西北地区水资源配置的多目标协同研究：
全价值评估与公众支持”（71373209）

清华大学农村研究博士论文奖学金（201621）

中国『三农』问题前沿丛书

节水农业补贴政策设计

全成本收益与农户偏好视角

Design of Subsidy Policy for Water-Saving Agriculture:

Based on Full Costs-Benefits and Households' Preference Perspective

徐　涛　赵敏娟　著

社会科学文献出版社
SOCIAL SCIENCES ACADEMIC PRESS (CHINA)

目 录

CONTENTS

第一章 导论

一 研究背景

水是生命演化的源泉，也是构成和维持生命系统的重要物质基础。从人类社会的角度来看，水作为一种宝贵的自然资源，在保障居民生活的基本需求、工农业生产的正常运转和生态环境的平衡稳定方面也同样发挥着不可替代的作用。随着世界人口的急剧增长、城镇化进程的不断推进，全球范围内的水资源短缺和竞争加剧，水资源危机已成为21世纪人类面临的重大挑战之一（王浩，2006；岳尚华，2013；李亚津，2013；张兵兵、沈满洪，2016）。

我国是一个水资源极其匮乏的国家，也是全球13个贫水国家之一，在世界上排名第121位，预计到2030年我国人均水资源量将降到1760亿立方米，接近世界公认的水资源紧缺国家最低标准水平，仅为世界平均水平的1/4、美国的1/5（司徒淞、张薇，1996；黄修桥，2005；刘七军，2012）。在我国669座城市中，存在供水不足问题的城市就有400多座（其中，面临严重缺水问题的城市多达108个），所占比例超过了60%，年度总缺水量超过了60亿立方米，因此受到影响的居民达1.6亿（韩宇，2013；曾捷，2014）。在我国北方地区，其所保有的耕地面积和每年所生产的粮食总量双双占据全国的60%以上，但所拥有的水资源量却仅占全国的19%；以“江河源头”和“中华水塔”著称的青海省，目前有20%以上的河流出现季节性断流现象，一半左右的湖泊存在干枯甚至消失的风险，同时还面临着雪线快速上升和冰川急剧萎缩等问题；天津、河北、山西、内蒙古、甘肃、青海、宁夏和新疆等8个省（自治区、直辖市）面临的水资源短缺问题尤为严重，其自有的水资源量，尚不能满足境内植被生态系统的正常运转所需。由此可见，水资源短缺已经对我国社会经济和生态环境的健康持续发展构成了严重威胁（李璐、张龙平，2012；Wu et al.，2012；陆静超、赫然，2016）。

农业用水作为我国的长期耗水大户，用水量占全国总用水量的63.5%，这其中灌溉用水又占农业用水的90%左右（中华人民共和国水利部，2017）。然而，我国农田灌溉水有效利用系数仅为0.530（中华人民共和国水利部，2017），与发达国家的0.7～0.8相比尚有较大差距（冯保清，2013；王志忠，2014）。这表明，尽管我国面临着严重的水资源短缺问题，但农业生产中却存在严重的水资源浪费，且尤以农业灌溉表现得最为明显。同时，上述对比也表明，我国农业灌溉仍然存在较大的节水潜力。如前所述，若能够大范围推广和实施节水灌溉技术，我国农业灌溉可节约20%左右的用水量，从而达到发达国家水平，这对缓解我国正在面临的水资源短缺压力具有重要意义。而且，实施节水灌溉技术还能在减少化肥和农药使用量的同时，改善耕地质量，在提高农产品产量和质量等方面发挥作用，对于区域生态环境安全和社会经济可持续发展也将具有重要的推动作用（陈亮等，2009；王洪源、李光永，2010；靳姗姗，2011；陈剑等，2014；邢英英等，2015；袁寿其等，2015）。由于农业节水意义重大，且在技术上也具有相当的可行性，近年来无论是中央政府还是地方政府，对节水灌溉技术的推广都显示出了高度的重视和极大的热情，并均有一系激励节水灌溉技术采用的政策措施推出。

从国家层面来看，为解决我国水资源在管理和利用方面面临的突出问题，国务院于2010年批复的《全国水资源综合规划》中明确了接下来的一段时期内全国用水总量所要控制并达到的具体目标，其中2020年总用水量的控制目标为6700亿立方米以内，2030年总用水量的控制目标为7000亿立方米以内，并将农田灌溉水有效利用系数提高到0.6；国务院办公厅于2012年印发的《国家农业节水纲要（2012—2020）》中提出，到2020年农田灌溉水有效利用系数在0.55以上；2014年，水利部下发了《关于开展国家高效节水灌溉示范县建设的通知》；由农业部等八个部门于2015年联合印发的《全国农业可持续发展规划（2015—2030年）》中明确要求，到2020年和2030年，农田节水灌溉率分别达到64%和75%；2015年一号文件中提出，大力推广节水技术，全面实施区域规模化高效节水灌溉行动；2017年一号文件更是强调了农业节水的方向性和战略性，并要求进一步完善针对节水农业发展的相关政策体系，为喷灌、滴灌、水肥一体化等高效节水灌溉技术的大范围普及创造良好条件。从地方层面来看，甘肃省分别于2012年和2014年印发了《关于加快高效节水农业发展的意见》和《甘肃省灌区农田高效节水技术推广规划（2015—2017年）》；宁夏回族自治区于2014年出台了《宁夏中部干旱带高效节水特色农业综合生产技术创新与示范项目管理办法》；民勤县于2015年编制了《民勤县"十二五"高效节水灌溉发展规划》。

尽管我国各级政府为节水灌溉技术推广做出了相当多的努力，但在实践中，农户对节水灌溉技术的采用仍存在明显不足，使节水灌溉技术在我国的大范围推广陷入困境，也阻碍了我国节水型农业的建设进程（刘宇等，2009；李全新，2009；Mobarak and Rosenzweig，2012；杨全斌，2014；李珠怀，2014；曾杨梅等，

2017；徐涛等，2018b）。如表1－1所示，我国2014年喷、滴灌合计面积占总灌溉面积的比重仅为11.10%，而多数发达国家的喷、滴灌面积占比在50%以上，如2009年美国的喷、滴灌占比为56.63%，2013年巴西的喷、滴灌占比为77.21%，德国、以色列在2005年和2000年喷、滴灌占比分别为98.15%和99.57%。可以看出，我国农业高效节水灌溉的发展仍处于较低水平，与美国、德国、以色列、巴西、法国等发达国家相比，尚有较大的差距。与此同时，通过与发达国家对比也可以看出，发展农业高效节水灌溉，将是我国建设节水型农业的可行之路，同时也是必由之路。

表1－1 世界各国喷、滴灌发展情况

国家	总灌溉面积（百万公顷）	喷、滴灌合计面积（百万公顷）	喷、滴灌合计占比（%）	年份
中国	70.65	7.84	11.10	2014
印度	60.90	4.94	8.12	2010
美国	24.70	13.99	56.63	2009
巴西	5.80	4.48	77.21	2013
土耳其	5.73	1.02	17.80	2012
俄罗斯	4.50	2.55	56.60	2012
西班牙	3.61	2.61	72.25	2014
日本	2.92	0.49	16.78	2013
法国	2.90	1.48	51.14	2011
意大利	2.42	1.38	57.07	2013
澳大利亚	2.38	0.90	38.00	2005
南非	1.67	1.29	76.97	2007
沙特阿拉伯	1.62	0.91	56.42	2004
韩国	1.01	0.60	59.41	2009
德国	0.54	0.53	98.15	2005
以色列	0.23	0.23	99.57	2000

资料来源：中国产业信息网。

目前来看，造成节水灌溉技术推广困境的原因可能来源于两个方面。一方面原因可能是节水灌溉技术本身的适应性问题，即如何改进现有技术，使其能够在特定环境下[①]高效运行。这一问题是20世纪60年代末至80年代初阻碍我国节水农业发展的关键因素，但随着我国在节水灌溉技术研究和探索方面的逐渐深入，这一问题已基本得到解决，我国节水灌溉技术水平也已达到世界领先水平（韩青，2005；戴婷婷，2007；康静、黄兴法，2013）。因此，技术本身的适应性问题可能并非阻碍节水灌溉技术在我国大范围推广的主要原因。另一方面原因可能在于，节水行为本身缺乏经济激励，节水者得不到应有的经济回报。尽管从全社会的角度来看，节水灌溉技术采用能够带来巨大的社会生态效益，但从农户的角度来看，节水灌溉技术采用的私人经济效益非常有限，并且还需要承担高昂的设备成本。与此同时，技术的升级和采用还会增加农户的交易成本、学习成本和劳动成本等（周建华等，2012）。然而，由于农户自身经济基础相对薄弱，在缺少外部激励的情况下，大多数农户不会主动升级和采用新技术。这种成本与收益关系的扭曲不仅阻碍了节水灌溉技术的大范围推广，也阻碍了新技术福利效应的充分发挥。这使建立一套能够调整相关利益主体利益关系的节水灌溉技术补贴机制，将农户节水灌溉技术的潜在需求转变为现实选择，成为当务之急。

如上所述，节水灌溉技术的实施成本远高于农户个体的承受水平，因而需要政府对农户采用行为给予一定的政策扶持，这也是各国政府发展节水农业的共同经验（周芳、霍学喜等，1999；王克强等，2006；李圣军，2008；刘军弟等，2012；赵姜等，2016）。近年来，我国节水灌溉技术补贴的相关政策措施频发，例如，国务院于2012年发布的《关于实行最严格水资源管理制

① 根据不同土质、水质条件进行技术改进，使其适应特殊环境。

度的意见》中指出，进一步提高农业在水资源节约方面的支持力度，完善和落实相关的技术服务、产业支持与财政补贴等政策措施，从而保障我国农业节水灌溉技术的快速发展；2015 年中央一号文件提出，要扩大节水灌溉设备购置补贴范围；2016 年中央一号文件要求，建立节水奖励和精准补贴机制，提高农业用水效率；2017 年中央一号文件中明确指出，进一步提高农业补贴政策的指向性和精准性；2017 年，国家发展改革委和水利部联合发布的《全国大中型灌区续建配套节水改造实施方案（2016—2020年)》中则进一步明确要求，探索建立灌溉用水精准补贴和节水奖励机制，积极落实补贴和奖励资金来源，促进提高灌溉用水效率和效益，保障灌区长期良性运行。上述政策措施为我国节水农业的发展指明了方向，也为节水灌溉技术的大范围推广提供了有力保障。但目前来看，这些政策措施多是原则性、指导性的，而具体可行的补贴标准，以及具有可操作性的政策实施方式还有待进一步探索。

综上所述，节水灌溉技术采用所能带来的外部社会生态收益是各级政府推广这一技术的根本动力，也正是由于外部性的存在，以及利益反馈机制的缺失或不完善，技术采用成本收益间的扭曲关系无法得到解决，从而阻碍了节水灌溉技术在我国的大范围推广。虽然，对节水灌溉技术采用进行补贴已经得到了社会各界的普遍认同，但无论是从理论层面还是从实践层面来看，仍有以下问题需要明确。(1）节水灌溉技术补贴政策的作用机理是怎样的？它是否能够对农户节水灌溉技术采用产生激励作用？尽管我国已在森林、草原、湿地、流域的生态修复补偿，以及矿产资源与重点生态功能区的开发利用补偿等领域获得了成功案例，但在节水灌溉技术采用补贴方面依然缺乏经验，且缺少针对节水灌溉技术补贴政策的作用机理解读与激励效果分析。(2）节水灌溉技术采用会产生哪些成本？又会带来哪些收益？全成本收益视角下的补贴标准应该是多少？节水灌溉技术补贴政策实施的目的在于纠正成本收益间的扭曲关系，而明确技术采用所带来的成本和收益则是设计有效补贴政策的前提条件和关键环节，但目前来看，关于节水灌溉技术采用的全成本与收益尚不清楚，基于全成本收益视角的补贴标准核算方法也尚未提出。（3）节水灌溉技术的采用会同时带来市场化和非市场化的成本收益，在市场价格体系缺失的情况下，如何对非市场化的成本收益进行量化？在以往研究中，市场化的成本与收益可以通过市场价格测算，但非市场化的成本与收益仍缺少可行的测算方法，这也是非市场化成本（学习成本、交易成本和难以准确统计的人工成本等）收益（外部社会效益和生态效益等）难以被纳入补贴标准核算范围的原因所在，从而使得补贴政策的公平性与合理性备受质疑。（4）设计怎样的政策实施方式才能最大限度地调动农户节水灌溉技术采用的积极性？农户作为节水灌溉技术补贴政策的最终作用对象，明确和充分考虑农户对补贴政策的实际需要，将有助于政策实施方式的优化与调整，进而提升补贴政策的激励效果。目前来看，一方面，现行补贴政策的制定更多的是采取“自上而下”的运作机制，对农户偏好的考虑普遍不足；另一方面，准确获取农户对补贴政策的偏好信息，是农户偏好能够被纳入政策设计之中的关键所在，但可行的偏好揭示方法与技术手段仍然缺失。

二　研究目的与意义

（一）研究目的

本书总的研究目的是，围绕推进节水型农业发展这一宗旨，在相关理论分析的基础上，从全成本收益视角核算节水灌溉技术的补贴标准，并将农户政策偏好纳入政策的设计和优化之中，以期提高现行补贴政策的科学性、合理性与有效性。

在研究总目标的基础上，本书继而设定了以下具体目标：(1) 构建节水灌溉技术补贴政策的基本框架，分析补贴政策对农户节水灌溉技术采用的影响机理；(2) 梳理我国节水灌溉技术补贴政策的发展历程与发展趋势，探究现行补贴政策存在的问题及原因；(3) 提出全成本收益视角下的节水灌溉技术补贴标准核算方法，并通过实证数据测算节水灌溉技术采用的全成本收益；(4) 提出纳入农户偏好的节水灌溉技术补贴政策实施方式的设计与优化思路，并借助农户层面的政策参与模拟与计量经济学分析揭示农户政策偏好信息；(5) 结合研究区域的实际情况，基于全成本收益与农户政策偏好的分析结果，提出补贴标准、政策实施方式及其他相关措施的优化建议。

（二）理论意义

(1) 在理性人假定下，分析了节水灌溉技术补贴政策中不同主体的利益最大化目标，以及技术补贴是如何调节各主体收益预期与行为方式的，从理论上阐述补贴政策的作用机理，并借助实证数据分析加以验证，从而为补贴政策的制定和实施提供理论依据。

(2) 提出了基于全成本收益的节水灌溉技术补贴标准核算方法，弥补了以往研究对于技术采用非市场化成本与非市场化收益的模糊认识甚至忽略，给出了理论层面上的节水灌溉技术补贴标准核算依据，提升了补贴标准核算的科学性与合理性。

(3) 将非市场价值评估方法（选择实验法，Choice Experiment，CE；条件价值评估法，Contingent Valuation Method，CVM）应用于节水灌溉技术采用的非市场化成本与非市场化收益的量化之中，并结合具体的应用情境改进调研方案，使在全成本收益视角下核算补贴标准成为可能，也为非市场价值量化评估方法在该领域的应用积累了经验。

（4）提出了纳入农户偏好的节水灌溉技术补贴政策设计与优化思路，弥补了以往研究对于农户政策偏好的忽略，从理论上完善了补贴政策的设计流程，也提升了补贴政策实施方式设计的有效性。

（5）将选择实验法（CE）应用于农户政策参与模拟之中，并通过形象化的问卷设计与适当的误差控制机制引入，提高了选择实验应用于农户调研时的有效性，不仅为农户政策偏好的揭示提供了可行途径，也拓展了选择实验的应用范围。

（三）现实意义

一方面，节水灌溉技术补贴政策的优化，有助于提升补贴政策对农户技术采用的激励效果，对于破解我国节水灌溉技术推广困境，发挥技术的福利效应，具有不可忽视的推动作用。与此同时，农户节水灌溉技术采用率的有效提升，对于破解我国农业正在面临的水资源约束，实现传统农业向现代化农业顺利转型，保障区域社会经济的稳定和可持续发展也具有重要的现实意义。

另一方面，西北区域是我国的严重缺水区、风沙源头区和生态屏障区，节水灌溉技术的大范围实施，可在大幅提升灌溉用水效率的同时，有效缓解旱区农业对地下水的过度开采和对生态用水的挤占，保障有更多的水资源能够用于生态建设，从而有助于遏制荒漠化的推进及生态平衡的恢复。此外，喷灌、滴灌等高效节水灌溉技术在实施过程中能够实现水肥一体化，从而大幅提高化学肥料的利用效率，缓解因肥料投入过量而带来的农业面源污染问题。因此，节水灌溉技术补贴政策实施效果的提升，对于区域水资源的合理配置与高效利用，以及区域生态环境的保护与修复均有重要的现实意义。

三 国内外研究动态

开展节水农业是缓解水资源紧缺问题的有效措施，但农业节水灌溉技术实施所需要的资金投入远远高于农户个体的承受水平，因而需要政府对农户节水灌溉技术采用行为给予一定的政策扶持（王克强等，2006；李圣军，2008；赵姜等，2016）。作为一种有效的节水激励机制，节水技术补贴已引起相关领域学者的高度关注，并已成为各国政府发展节水农业的共同经验（周芳、霍学喜，1999；向东梅、周洪文，2007；刘军弟等，2012；赵姜等，2016）。接下来，本书将对节水灌溉技术补贴政策机理、补贴标准核算、补贴政策实施方式三个方面的相关研究进行详细的梳理和评价。

（一）补贴政策机理的相关研究

1. 生态保护补偿

国外学者对生态保护补偿的研究起步较早，20 世纪 90 年代便受到了国际上尤其是发达国家学术界的高度关注（高彤、杨姝影，2006；赵翠薇、王世杰，2010；赵雪雁，2012；袁伟彦、周小柯，2014；范明明、李文军，2017；柳荻等，2018）。实施“生态保护补偿”的主要目的是保护生态系统的服务与功能，它通过制定一套有效的支付体系来调节生态系统中的受益者与保护者之间，或者是受害者与破坏者之间，相互的利益关系（金京淑，2011；刘亚男，2013；宫小伟，2013；谢高地等，2015；张理鑫，2016）。在国外，相关研究中常用“生态系统付费”或“环境服务付费”进行表述，对应的英文表达分别为“Payment for Ecosystem Services”和“Payment for Environmental Services”，缩写形式为“PES”，它们与我国政策语境中常用的“生态保护补偿”一词并无实质性差别（Zbinden and Lee，2005；丁敏，2007；赵春光，2009；韦琳，2012；谢高地等，2015）。2005年，Wunder提出了“生态系统/环境服务付费”（PES）的经典概念，即“特定生态系统服务的生产者与消费者之间的自由交易，而交易能够实现的前提则是该生态系统服务可以被清晰地界定出来”（Wunder，2005）。它具体包括五个方面的内容：（1）在生态保护补偿中发生的交易行为应该是在买卖双方自愿的前提下进行，以满足自由交易这一基本原则；（2）被交易的生态系统服务或产品应该能够被很好地界定出来，也就是说，买卖双方对自己的交易标的必须是明确的，并确保其可以被生产和消费；（3）至少要有一个消费者想要购买特定的生态系统服务；（4）同样的，也至少要有一个生产者能够提供特定的生态系统服务；（5）只有当生产者提供了特定的生态系统服务时，消费者才会将事先约定好的费用支付给生产者，交易才可以达成。这一定义的核心内容是由生态服务的受益者直接向生态服务的供给者付费，以弥补这类人群在生态保护与恢复中的贡献，并且常常会被冠以诸如“基于科斯定理的”“私人的”“市场的”“受益者付费的”等的限制性定语，但现实中的生态保护补偿项目往往很难严格满足上述定义（赵雪雁等，2012；张乃羽，2015）。

后续的研究中，Sommerville等（2009）认为，生态保护补偿实质上是一种附加了限制条件的激励措施，其作用对象是生态系统服务的提供者，它的成功实施需要考虑不同制度环境所带来的可能影响。Muradian等（2010）则认为，生态保护补偿的目的是促使社会成员（可以是社会系统中的个体或集体）做出有利于社会发展的资源利用决策，它通过社会成员间的资源转移来实现。Tacconi（2012）则进一步认为，生态保护补偿应该满足自愿参与的原则，并由生态系统服务的消费者以经济支付的形式有条件地从提供者那里获取额外的生态系统服务产品，并且整个交易过程应该保持公开透明。2015 年，Wunder 修订了生态保护补偿的定义，经过修订之后的新定义为“生态保护补偿是生态系统服务的消费者与提供者之间达成的自愿交易，按照买卖双方商定的一系列自然资源管理规则，消费者为使用生态系统服务进行付费，而提供者则要按照事先约定提供相应的生态系统服务”（Wunder，2015）。虽然，从“生态保护补偿”的定义来看，不同学者在概念界定上存在一些差异，但其出发点都是“激励”生态系统服务的提供者，而不是“惩罚”生态系统的破坏者。也就是说，生态保护补偿应该遵循“谁受益谁付费原则”，而非“谁破坏谁付费原则”。此外，尽管世界范围内已经实施或正在实施的大多数相关案例与 Wunder 所定义的“生态保护补偿”并不完全相符，但在生态保护补偿的相关研究领域，Wunder 做出的概念界定仍然被视为主流（柳荻等，2018）。

国内学者于 21 世纪初期开始关注生态保护补偿方面的研究，并将其定义为“以保护和修复生态系统服务、维持人与自然之间的和谐关系为目的，以生态系统服务所能带来的价值、实施生态系统服务保护所需的成本、因保护生态系统服务所需承担的机会成本为依据，通过税费、财政、市场等多种手段的综合运用，以达到调节生态系统服务的保护者、受益者双方之间利益关系的有效机制”（李文华，2006；王金南等，2006；李全新，2009；冯颖，2013）。目前，生态保护补偿已经作为新的政策工具被广泛应用于生态环境的保护与修复、重点主体功能区的开发利用、流域上下游利益关系的平衡与协调之中，成为我国生态文明建设的重要制度保障（王俊舜，2008；张可云、刘映月，2011；陈学斌，2012；徐鸿翔、张文彬，2017）。当然，生态保护补偿这一经济手段能够被广泛应用，主要是得益于其所具有的激励作用更强、作用周期更强、稳定性和灵活性更加突出等特点，这是“行政命令型”治理手段所不能相比的（李全新，2009）。中共中央于2005年10月印发的“十一五规划”中首次提出了“谁开发谁保护、谁受益谁补偿”原则，并要求在这一原则的基础上加快建立我国生态补偿机制。2016年5月，国务院办公厅发布的《关于健全生态保护补偿机制的意见》中指出，到2020年要实现生态保护补偿在重点区域的全面覆盖，这些重点区域主要包括森林、草原、水流、湿地、荒漠、耕地和海洋等重点领域，以及禁止开发区和重点生态功能区等。也是在2016年，我国在相关政策表述中，将“生态补偿”这一概念变更为“生态保护补偿”（柳荻等，2018）。

近些年来，我国在生态保护补偿方面的研究取得了一系列进展（赵景柱等，2006；赵春光，2009；王朝才、刘军民，2012；王军锋、侯超波，2013；杨雪阳，2014；程玉，2015），相关研究还包括：曹明德（2005）从环境法的视角出发对生态保护补偿进行了界定，即“生态系统服务的受益者、国家或组织应该通过经济补偿的形式，对那些在保护生态系统服务中受到利益损失的个体或集体给予适当的弥补”。虞锡君（2007）认为，流域水生态补偿机制，指为维护、恢复和改善流域水生态系统服务功能，促进水环境不断好转，由流域水环境管理权威机构或上级人民政府做出的一种制度安排，用于协调流域不同区段之间的利益关系，它包括水生态保护补偿机制和跨界水污染补偿机制两种实现形式。苑全治等（2010）对近年来我国耕地快速减少的原因进行了分析，并认为耕地保护收益在区域层面的分配不均是主因，而构建区域耕地保护补偿机制将有利于提高“地方”保护耕地的积极性，从而抑制耕地减少的趋势。赵雪雁等（2013）通过调查“退牧还草”工程前后甘南黄河水源补给区农户生计资本及生计方式的变化，分析了生态保护补偿对水源补给区农户生计资本和生活方式的影响，并提出了通过差别化补偿的方式提高补给区农户生计能力与生计安全的相关建议。胡振通等（2016）基于对内蒙古自治区的实地调查，借助博弈分析对草原生态保护补偿中存在的监管问题进行了阐述，研究发现，“弱监管”下存在的违约成本过低与实际监管不足等问题，极大地限制了生态保护目标的实现。刘铮和张宇恒（2017）以全国首个跨省份的流域生态补偿机制试点区域（新安江流域）为考察对象，发现上下游主体利益诉求冲突、跨行政区管理组织缺位、法律不完善、资金投入不足、生态补偿形式单一等问题制约了补偿机制效果的发挥，并认为跨区生态补偿主要表现为下游地区对上游地区的经济补偿，而深层次原因则体现为上下游地区共享社会发展成果的内在要求，因而建议立足共享发展理念构建相应的生态补偿机制。

2. 节水灌溉技术补贴机制

由于节水灌溉技术补贴的最终目的在于维持水资源的可持续利用与促进区域生态环境的良性发展，其具体做法则是以经济补贴的形式来弥补技术采用过程中农户的成本损失。因此，节水灌溉技术补贴实质上也是“生态保护补偿”的一种表现形式。在节水灌溉技术补贴机制的研究方面，方国华等（2004）结合我国实际情况，在总结国内外发展经验的基础上，构建了较为完整的包括补偿依据、原则、对象、标准核算方法及资金来源等关键要素在内的农业节水补偿机制的理论框架。代小平等（2008）认为，我国节水农业发展过程中面临着节水积极性不足和节水能力低下两方面问题，阻碍了农业用水的有效节约，及其向非农业部门的转出，因此建立农业节水补偿机制显得非常必要，进而在总结国内农业节水补偿政策与实践的基础上，尝试性地提出了政府补偿与交易补偿互补的农业节水补偿机制。李全新（2009）构建了农业节水补偿的理论框架，并指出，水资源具有公共物品的特性，其在开发利用过程中难免会产生一些不合意的外部成本，“内部化”这些外部成本则是实施农业节水补偿的主要目的，而水资源所具有的经济属性则是我国能够建立节水补偿机制的重要依据。

金京淑（2011）总结了发达国家或地区在农业生态补偿领域的实践经验，并对我国在该领域面临的突出问题及原因进行了深入探讨，初步构建了我国农业生态补偿机制的基本思路、框架与支撑体系。陈萌山（2011）指出，为促进节水农业发展，应建立补偿机制对农户节水行为进行补偿，从而将农户节水所带来的外部效益“内部化”为其直接的经济收益，具体来看，应对农户技术采用给予一定的补助，对农户购买节水设备给予一定的优惠，将水肥一体化、膜下滴灌、集雨补灌、测墒灌溉等节水工艺和技术纳入直接补贴范围。冯颖等（2013）构建了以利益主体、补偿标准测算和补偿资金来源为核心内容的农业节水灌溉技术补偿机制的分析框架。褚琳琳（2015）提出，构建创新的节水灌溉技术补偿机制，应该采用多学科交叉的研究方法，以节水灌溉综合效益和节水主体为主要研究对象，从而探究节水灌溉技术综合效益的产生机理与补偿机制的理论框架。

3. 节水灌溉技术补贴对农户技术采用的影响

农户作为新技术的最终接受者和实施者，其对节水灌溉技术的采用是技术成功推广的重要微观基础。因此，探究补贴政策对农户节水灌溉技术采用行为的影响，对于补贴政策的调整及其激励效果的提升，将具有重要的实践参考价值。实质上，农户节水灌溉技术采用是一类与农业生产有关的生产过程，因而应该属于行为研究的范畴。从已有文献来看，农户行为研究所涉及的范围较为广泛，起始时间也相对较早，为本书探讨农户节水灌溉技术采用奠定了理论基础。目前，关于农户行为的研究可概括为以下两个方面。一是，探讨农户行为的诱导因素与决策过程，具体来看又可进一步划分为基于效用和基于风险的两个不同视角的分析，前者基于“理性小农”这一基本假定，因而认为农户行为决策的最终目的是获得自身效用的最大化（林毅夫、沈明高，1991；Carey and Zilberman，2002；马丽、吕杰，2010）；后者则是基于“生存小农”这一基本假定，因而认为农户行为决策的最终目的是最小化潜在的风险（Lindner，1980；何蒲明、黎东升，2005；Jack，2009；满明俊等，2010）。二是，关于影响因素的研究，例如，有学者研究表明，农户受教育程度的高低、年龄、信息获取能力（Feder，1980；Ervin and Ervin，1982；阎文圣、肖焰恒，2002；苏岳静等，2004），以及家庭收入、农场规模、劳动力人数在家庭总人口中的比例（Dong and Saha，1998）等微观因素能够对农户行为产生影响。也有学者研究表明，教育水平、外部自然环境、贷款便捷度、政府财政支持等宏观因素也能够对农户行为带来显著影响（Abdulai and Huffman，2005；储成兵、李平，2013）。

关于补贴政策对农户行为的影响，现有研究主要集中在种粮补贴、农机补贴和退耕还林补贴等方面，且多数学者的研究认为，合理的补贴政策能够对农户行为起到正向激励作用。例如，在农机购置补贴的研究方面，曹光乔等（2010）以水稻插秧机和联合收割机购置补贴政策为例的研究结论表明，由于农机服务市场需求弹性的缺乏，农机购置补贴政策的实施将会直接导致农机供给服务供给量的增加，并进而导致类似农机服务经营户经营收入的下降。洪自同和郑金贵（2012）的实证分析表明，农机购置补贴政策对农户粮食生产行为具有显著的正向影响。在粮食补贴政策的研究方面，吴连翠和蔡红辉（2010）关于粮食补贴政策的研究结果表明，补贴政策对农户种粮积极性具有明显的激励作用，从而带动粮食播种面积的提升，也就是说，补贴政策对粮食生产的激励作用以“土地投入”效应为主。刘克春（2010）对我国粮食补贴政策与农户种粮行为间的关系进行了实证分析，结果表明，政府实行的粮食直接补贴政策与最低收购价格政策，对农户种粮积极性的提升及粮食种植面积的提升具有正向的激励作用，并对拥有耕地较多且种粮收入依赖性较强的农户作用更加突出。刘滨等（2014）对当前农业补贴政策下不同资源禀赋农户种粮决策行为的研究则进一步表明，在现行的农业补贴政策中，农户获得的补贴资金数量和补贴方式是影响农户种粮决策行为的最主要因素。在退耕还林（草）补贴政策的研究方面，李国平等（2015）将实物期权理论引入农户收益测算中，通过数值模拟探讨南北不同地区收益不确定条件下成本收益等额补偿的转换边界，结果表明，农户退耕的机会成本随时间和地域的变动而变动，相应的补偿标准也应随之变动。

目前来看，国内节水灌溉补贴机制尚不成熟，缺少必要的实践经验指导，关于补贴政策对农户节水灌溉技术采用影响的研究也相对较少，且多数研究集中在理论层面。例如，胡继连和葛颜祥（2004）从微观视角出发探讨了我国在发展节水农业方面面临的困境，并指出现存的一些问题，例如，节水技术的实施需要承担的成本过高、农业节水是具有强外部效应的行为（外部性的内部化方面存在困难）、过低的农业灌溉水价难以体现水资源稀缺性、灌溉用水量的计量不够精准等，这些问题的主要解决办法是对农户节水行为进行经济补偿。李珠怀（2014）运用外部性理论和进化博弈论对我国农民的节水灌溉选择行为进行分析，结果表明，当农民实施节水行为的外部性加上实施成本，再减去节水的私人经济收益，小于政府补贴节水行为与惩罚农户不节水行为的合力时，农民才会从“不节水”转变为“节水”。冯颖和屈国俊（2016）以“利益相关者理论”为分析基础，采用博弈论方法，探讨了节水农业建设过程中所涉及的各方利益主体及其之间的利害关系，证明了建立节水补偿制度的必要性与合理性。在实证研究方面，韩青（2005）、刘红梅等（2008）借助博弈模型分析了外部激励对农户节水技术采用行为的影响，并认为，有效的激励措施能够促使农户从违约转向合作，从而提升农户选择高效节水灌溉技术的预期。李佳怡（2010）结合农户的调查数据分析，建立了用于分析农户节水灌溉技术采用影响因素的 Logistic 模型，结果表明，在不同水平的技术环境下（不同技术水平的地区），国家扶持政策是激励农户采用节水灌溉的主要因素。韩一军等（2015）通过利用 Logit 模型分析了小麦种植户节水灌溉技术采用行为的影响因素，研究结果表明，户主的受教育程度、节水技术认知，以及政府补贴、技术培训等是影响其节水灌溉技术采用的主要因素。李娇和王志彬（2017）基于甘肃省张掖市的农户调查数据，分别采用 Probit 模型和 Tobit 模型对农户节水灌溉技术采用行为和采用强度进行了分析，研究结果表明，农业收入占比、技术采用效果、政府推广与政府补贴是两者的共同影响因素，其中政府推广与政府补贴影响作用高于其他因素。

（二）补贴标准核算的相关研究

1. 核算依据

补贴标准是节水灌溉技术补贴政策的核心内容，科学合理的补贴标准核算也是补贴政策研究的重点，它不仅是提高农户技术采用积极性的关键所在，也是关乎补贴机制持续高效运行的核心问题（杨光梅等，2007；王学恭、白洁，2009；赵翠薇、王世杰，2010；金淑婷等，2014；李国平等，2015；王正淑，2016）。由于节水灌溉技术补贴实质上是“生态保护补偿”的一种形式，因此，本书节水灌溉技术补贴标准核算过程中，参考了生态补偿标准核算的相关研究。根据 Pagiola 和 Platais 于 2007 年提出的森林生态系统保护的补偿标准核算原则，通常以实施保护行为的私人成本为最低补偿，以实施保护行为能够带来的外部生态效益（如涵养水源、物种多样性保护、固碳等）作为最高补偿（如图 1－1 所示）。这里，实施保护行为的成本并非直接的成本投入，而是间接的因保护森林而放弃牧场经营的机会成本。若保护森林也能为牧场主带来一定的私人收益，则最低补偿应为保护森林的机会成本与私人收益之差。由此可见，生态保护行为所带来的成本与收益是补偿标准核算的重要依据，也是补偿标准核算的两个不同视角。

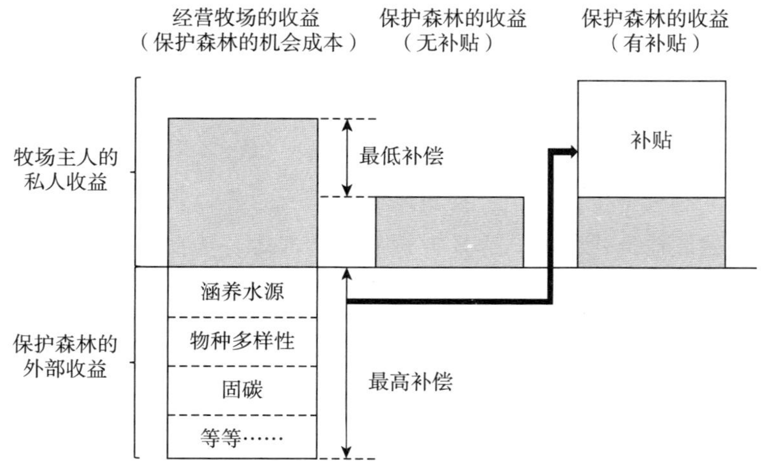

图 1-1　生态补偿标准的核算原则

资料来源：Pagiola and Platasis（2007）。

从已有研究来看，生态保护行为的成本测度相比于收益测度具有可操作性、简易性等优势，使成本视角在生态保护补偿标准核算中得到了更为广泛的应用（黄富祥等，2002；Wünscher et al.，2008；赵卉卉等，2014；刘菊等，2015）。例如，熊鹰等（2004）在洞庭湖生态系统保护补偿的研究中认为，农户在“退田还湖”过程中虽然也能够获得生态系统改善所带来的收益，但更多的是因工程实施造成的利益损失，这使农户最终的利益损失能否得到有效补偿成为“退田还湖”工程得以成功实施的关键，该研究同时还指出，通过农户调研获取补偿标准的核算依据（损失和收益的具体数据）非常必要；Zbinden 和 Lee（2005）在以哥斯达黎加的 Eredie 市为例进行的研究中提出，对上游土地使用者进行补偿时，补偿标准的制定应该以土地使用者改变土地利用方式所要承担的机会成本为依据；Pagiola 等（2007）以尼加拉瓜为例的研究中提出，由于造林前后农户土地利用的方式发生了转变，在这一过程中农户收益会受到土地利用方式转变带来的影响（并主要表现为损失），因此需要对比土地利用方式转变前后农户的收益变化情况，并根据农户损失情况计算相应的补偿标准，通过计算得出，将退化草地转变为森林，农户每年的收益损失为75美元（也就是农户转变土地利用方式的机会成本），因此针对农户的补偿也应该与之对应；Wünscher等（2008）在以哥斯达黎加为例的研究中指出，农户实施环境保护行为是以牺牲牧草经营所带来的收益为代价的，这是农户的机会成本，因此针对农户实施环境保护行为核算补偿标准时，应该以农户经营牧草时所能获得的净收益为准；李晓光等（2009）在对海南中部山区森林保护生态补偿的研究中，借助遥感技术和问卷调查，计算出土地利用方式改变时橡胶和槟榔产业所面临的机会成本为 2.37×10^{8} 元/年，并将其作为生态补偿标准的核算依据，同时指出，补贴标准核算过程中还需要考虑风险因子和时间因子；秦艳红和康慕谊（2011）认为，“退耕还林”工程的实施实质上也是产业结构调整的过程，农户在“退耕还林”之前以种植业为主，之后则以养殖业为主，农户在退耕前的收益是实施“退耕还林”工程所带来的机会成本，它与农户原有种植业的预期收益之间的差距应该是补偿标准的计算依据，结合吴起县实际情况计算得到补偿标准应为900元/亩，并建议实际的补偿标准应在补偿期限内以逐年降低的方式发放；Kaczan和Swallow（2013）以坦桑尼亚为例的研究表明，农户实施保护行为意味着需要放弃原有的生产经营项目，同时也意味着土地利用方式的转变，而原有利用方式所能带来的经济收益则被视为农户实施保护行为所要承担的机会成本，经测算，这一成本与农户为改变土地利用方式而愿意接受的补偿额度（WTA）相等。谭秋成（2009）、段靖等（2010）则认为，补偿金不仅要能弥补生态保护行为提供者实施环保行为的机会成本，还应纳入工程成本（初始的设备投入等）和实施成本（人工费、动力费、维修费等），也就是实施生态保护行为的直接成本。再后来，又有学者提出，在核算生态保护行为的补偿标准时，除了考虑直接成本与机会成本之外，还需要考虑交易成本。例如，Wünscher 等（2008）在对生态补偿项目的研究中指出，生态保护行为的实施者在生态保护过程中产生的直接成本、机会成本与交易成本是确定补偿标准的重要依据，其研究结果还进一步表明，提供灵活的生态补偿金支付方式，将能够明显提升生态系统服务提供者的供给效率，从而保障生态系统服务产品的有效供给。戴其文和赵雪雁（2010）在对甘南草地生态系统水源涵养服务生态补偿的相关研究中，构建了生态补偿标准的核算模型，并将生态提供者的参与成本作为标准的核算依据（其中，参与成本包括实施成本、机会成本和交易成本），由此计算得到，甘南草地生态系统保护的补偿标准每年应为 1999.8 元/公顷。贾卓等（2012）在玛曲县草地生态系统补偿的研究中，运用风险效益成本比较法的分析结果表明，不同乡（镇）在生态保护的成本与收益上存在明显的差异，因此在实施生态补偿措施时也应该差别对待，此外还指出，补偿标准在生态补偿政策实施的初期和中后期应有所差别，而且还应根据生态恢复的动态检测结果及时做出调整。韦惠兰和宗鑫（2016）在以黄河重要水源涵养和补给区玛曲县为例的研究中指出，禁牧补偿总额应为受偿牧户的机会成本、实施成本、交易成本的总和。

但是，也有学者认为，基于成本视角核算的补偿标准，往往低估甚至忽略生态保护行为所带来的巨大外部效益，导致补偿标准过低，有失公平，难以获得农户的积极响应（李全新，2009；Mobarak and Rosenzweig，2012；杨全斌，2014）。因此，有学者认为，在实现成本补偿的同时，还应兼顾公平性，应将生态保护行为所带来的外部效益纳入补偿标准的核算范畴（Hoffman and

Herman，2008；王迪等，2012；金淑婷等，2014）。相关研究包括，吴晓青等（2003）在对区际生态补偿机制的研究中指出，受益地区对受损地区的补偿额度应该是受益总量与受损总量之差的一半，并且受益总量与受损总量应以长期大规模监测数据为准。章锦河等（2005）在以九寨沟“退耕还林还草”工程为例的研究中，提出了旅游生态足迹的概念，并基于旅游生态足迹提出了生态补偿标准的核算方法，经测算，基于直接收益损失、游憩功能价值、旅游生态足迹计算得到的补偿标准分别为472元/人、1561元/人和1088元/人。顾岗等（2006）在以南水北调水源地生态功能保护区建设为例的研究中，分析了流域调水面临的区际补偿问题，并认为，对水源地保护区建设的生态补偿不应低于保护区建设在水质改善方面所带来的正外部效益。牛海鹏等（2014）在耕地保护补偿的研究中认为，耕地保护的外部性是耕地非农化的根本原因，而“内部化”耕地保护的外部效益则是解决这一问题的根本途径，因此应将外部效益纳入耕地非农化成本测算体系之中，并在此基础上构建相应的经济补偿机制和法律保护体系。从外部效益的测算方法来看，学者关于生态系统服务价值评估中所运用的一些方法值得借鉴，如价值当量法、收益还原法、条件价值评估法（CVM）等（王军，2009；谢高地等，2015）。例如，苑全治等（2010）在以山东省潍坊市为例的研究中，将潍坊市下辖的县级行政单位划分为“保护区”和“补偿区”，以外部性理论为基础构建了耕地保护补偿机制（由“补偿区”对“保护区”进行支付），进而借助价值当量法核算了耕地保护所能够带来的外部效益，并在此基础上计算了相应的补偿标准；于洋等（2013）以耕地保护的外部性为理论依据，运用收益还原法估算了2011年吉林省耕地保护的生态服务价值、社会保障价值和国家粮食安全价值，并在此基础上计算了吉林省耕地保护外部性价值和补偿额度；肖建红等（2016）在对海岛生态系统进行生态补偿的研究中，运用条件价值评估法分析了游客对不同类型海岛旅游目的地生态系统服务供给的支付意愿，并据此计算了不同海岛的生态补偿标准；牛海鹏和王坤鹏（2017）在对耕地保护外部效益的量化研究中，采用了单边界二分式 CVM 问卷设计，并指出，在投标值设定合理和假想市场设计得当、假想偏差能够得到有效规避，以及调研样本量适中的情况下，外部效益的测算结果能够达到较高的有效性，也将有助于提高补偿标准核算的科学性与合理性。

2. 节水灌溉技术采用的成本收益

首先，从节水灌溉技术采用的成本来看，相关研究还相对较少，且尚无参考文献对农户节水灌溉技术采用的成本收益进行详细的识别、分类和界定。但在类似研究中，周建华等（2012）将农户资源节约型与环境友好型技术采用的成本划分为以下三部分：一是学习成本，即农户在学习和适应新技术的过程中所付出的时间、精力及金钱等成本；二是生产成本，主要是指由两型农业技术采用增加的生产资料成本（如技术设备及配套材料的购置费用等），以及设备的铺设、管理、维护与回收过程中产生的劳动力成本；三是交易成本，主要是指农户由于两型农业技术采用而发生的信息搜寻成本、议价成本及决策成本等。曾维军（2014）将农户测土配方施肥技术采用的成本进一步细化为直接物质费用、间接物质费用、直接人工费用和间接人工费用四部分，其中，直接物质费用是指农业生产过程中直接投入的物质成本，如种子、化肥、农药、农膜等生产物资的购置费用；间接物质费用是指农业生产过程中间接投入的需要经过分摊计算的物质成本，如农用机械的折旧费、燃油费、维修费等；直接人工费用是指，在农业生产过程中耕地、播种、灌溉、施肥、打药、除草、收获等生产环节中直接投入的劳动力成本，同时还包括其他田间日常管理中的劳动力投入；间接人工费用是指农业生产过程中间接投入的需要分摊后才能计入的劳动力成本，包括初期生产用工分摊和经营管理用工分摊等。在上述研究中，两位学者对农户技术采用的成本类别划分虽然不同，但所包含的具体内容基本上是一致的，例如，学习成本与交易成本对应间接人工费用，而生产成本则对应直接物质费用、间接物质费用和直接人工费用。

在节水灌溉技术采用收益方面，由于节水灌溉技术采用能够对区域社会经济与生态环境的协调可持续发展带来诸多有利影响，因而得到了相关领域学者的更多关注，相关研究也较为丰富。例如，吴景社（2003）在评估我国节水灌溉的综合效益时，首先运用模糊聚类分析法将全国分为7个大区，进而构建了包括社会指标、经济指标和环境指标3个一级指标和总计25个二级指标在内的区域节水灌溉综合效益评估指标体系，并联合运用了德尔菲法、层次分析法和神经网络法对全国及各大分区的节水灌溉综合效益进行了评价；雷波（2005）在对我国北方旱区农业节水的综合效益进行评价时，以耦合发展理论和局部均衡理论为基础，建立了包括社会效益、经济效益、生态效益在内的评估指标体系，进而运用层次分析法对综合效益进行了评价，并进一步提出了节水农业外部效益“内部化”的相关政策措施；肖新（2007）在对南方丘陵季节性干旱区节水稻作模式的综合效益进行评价时，同样构建了包含社会效益、经济效益和生态效益3个方面16个指标在内的评估模型，研究结果表明，节水稻作模式的综合效益明显高于常规稻作模式；叶春兰和宏伟（2008）运用AHP方法（层次分析法），以牧区经济、社会、草原生态等为指标对牧区草地节水灌溉工程综合效果进行了评价；刘慧（2010）、张红丽等（2011）将节水效益分为技术效益、经济效益、生态效益与社会效益4个方面，建立了绿洲现代农业节水技术体系；褚琳琳（2011）从经济、环境、社会3个方面提出节水农业综合效益价值评估指标体系，应用基于单位化约束条件的综合集成赋权法确定指标权重，建立以货币为衡量标准的节水农业综合效益评估模式；吕杰等（2016）基于通辽市农户玉米生产的调查数据，分别评价了节水技术采用所带来的增产效益与成本节约效益，分析结果表明，经营规模较大、受教育程度较高、兼业程度较低的农户所获得的节水效益更加明显。可以看出，上述研究中，关于节水灌溉技术采用的效益大致可分为两类，一类是直接经济效益，即技术采用能够为农户带来的增产保质与成本节约效益；另一类可被界定为外部效益，即农户技术采用所带来的生态环境效益、经济效益和社会效益等。

总的来看，关于节水灌溉技术采用的成本与收益，现有研究或是通过定性分析方法对技术采用的成本收益进行类型上的划分，或是通过系统评价方法对不同类型的成本收益进行大致的体量上的比较，而运用定量分析法对各类成本收益的具体数值进行测算的研究还相对较少。

3. 节水灌溉技术的补贴标准核算

在节水灌溉技术补贴标准核算的理论研究方面，周晓熙和郑旭荣（2007）从以下两方面提出了农业节水的补偿办法：一是要考虑农业节水的公益性（即农业节水的外部效益）；二是考虑农户因改变用水行为而遭受的利益受损（即因采用节水措施而增加的负担和产生的机会成本）。代小平等（2008）也指出，农业节水的补偿标准核算范围应包括农业节水的实施成本（包括节水灌溉工程的建设费用、节水灌溉设备的购置费用、维持设备运行所需的成本等）、限制农业灌溉用水带来的机会成本、农业灌溉用水节约所带来的外部社会生态效益等方面。在补贴标准的实证研究方面，运用量化分析方法测算补偿标准的研究尚不多见，相关研究包括：李全新（2009）在对农业节水的生态效益进行评估时认为，节水效益应该等价于被节约水量用于生态环境建设时所能产生的生态环境效益，例如，如果能够确定保障 1 单位面积森林正常生长所需的水量，以及 1 单位森林资源的使用价值和生态价值，这样就可以根据农业节水量最终估算出节约水量的总价值，并据此确定具体的节水技术补偿标准。刘军弟等（2012）以关中灌区大棚蔬菜种植户调查数据为例，构建了不确定状态下政府对节水灌溉技术的支付意愿函数和农户对节水灌溉技术的受偿意愿函数，求解了符合帕累托改进的节水灌溉补贴标准取值区间，并在此基础上运用希克斯模型进一步测算了农户受偿意愿视角的最低补贴标准，结果表明，符合帕累托改进的补贴标准应不小于农户采纳节水灌溉技术的成本支出。宋健峰（2013）测算节水技术使用的补贴标准时，首先从政府视角出发，明确了政府在节水农业建设中能够获得的收益以及所要承担的成本，进而提出了社会最优节水技术使用率的概念（也就是能够使政府获得最高收益的节水技术使用率），并在此基础上建立节水技术使用率与政府收益之间的关系，进而从农户视角出发，明确了农户使用节水技术所能获得的收益以及所要承担的成本，从而建立了节水技术补贴与农户节水技术使用率之间的关系，最终结合基于政府与农户两个不同视角建立的关系式计算得到了社会最优节水技术使用率下的补贴标准。冯颖等（2013）在核算农业节水技术采用的补偿标准时，引入了福利经济学中经典的 EDM 模型，从而测算了农业节水技术采用引起的生产者剩余、消费者剩余及社会总剩余的增加量，最终根据各利益主体的收益变动情况确定补偿额度。李珠怀（2014）采用机会成本法对我国农业节水灌溉所需的补偿额进行了估算，并将“机会成本”定义为：农户采取节水灌溉时，节约的水资源可用于旱区农田灌溉、生活用水、工业用水、生态用水等方面，若没有实行节水灌溉，浪费的水资源则会失去上述应用价值。这里需注意的是，李珠怀（2014）与前文代小平等（2008）关于“机会成本”的定义有本质区别，后者将其定义为：农户因被限制灌溉用水的使用量而可能带来的生产损失。由于前者对于“机会成本”的定义实质上是节水灌溉技术采用所带来的外部社会生态效益，因此本书更赞同后者，但在具体研究中“机会成本”还应有更为丰富的内涵（如农户采用节水灌溉技术时的人力物力投入，这些人力物力投入原本可以用于其他生产活动），后文将会进行更加详细的探讨，这里不再赘述。姚增福和李全新（2015）利用甘肃省2000～2011年统计数据，通过引入最优社会保障规模模型和凯恩斯收入均衡理论，在充分考虑农户风险厌恶行为逻辑的特殊性的情况下，讨论了农户在风险冲击下个体福利水平的最大化，并利用C－D生产函数构建了农业节水补偿标准模型。

（三）补贴政策实施方式的相关研究

1. 补贴政策的实施方式

补贴政策的实施不仅包括科学的补贴标准，同时还包括合理的补贴形式、补贴时限、补贴程序与配套措施等内容，这些政策内容间的相互配合是补贴政策能够实现高效运行的有力保障。由于上述政策内容更多地与政策实施有关，因此本书将其定义为政策的实施方式。从现有研究来看，学者关注较多的实施方式是补偿形式，即生态补偿资金以何种形式发放到目标群体手中。例如，方国华（2004）在农业节水补偿机制的研究中指出，可采取财政补助与发放贴息贷款相结合的形式鼓励农民、其他团体投资兴建农业节水工程。Asquith等（2008）认为，目标群体对补偿形式存在异质性需求，当补偿数额较大时，采取现金形式的补偿比非现金形式的补偿具有更为明显的激励作用，而当补偿数额不大时，非现金形式的补偿则比现金形式的激励作用更好，因此在实践上采用间接的、非现金形式的补偿更为普遍。代小平（2008）提出了以下几种不同形式的农业节水补偿：（1）资金补偿，是指由补偿主体对受偿对象提供的资金支持，如对兴建农业节水工程的政府补贴、用于节水工程管护的资金补贴、对农户节水的直接补贴以及用于农业节水工程建设的政府贴息贷款等；(2) 实物补偿，是指补偿主体以实物形式对受偿对象进行的补偿，如由政府主导的节水工程建设、为农户提供节水设备等；(3) 技术补偿，是指农业节水技术的研究、咨询、培训、示范及相关市场信息服务等，在汪少文和胡震云（2013）关于农业节水补偿机制和陈海鹰（2016）关于自然保护区旅游生态补偿机制，以及王爱敏（2016）关于水源地保护区生态补偿制度的研究中将这一补偿形式定义为“智力补偿”；(4) 精神奖励，是指对节水贡献突出的个体或团体给予嘉奖、宣传报道等，这一形式不仅有助于被表彰者节水积极性的进一步提高，也有助于全社会节水意识的提升。在牛海鹏（2010）关于耕地保护的经济补偿机制，以及汪少文和胡震云（2013）关于农业节水补偿机制的研究中，除提出资金、实物和技术等补偿形式外，还进一步指出，以上补偿形式在具体应用时应灵活运用、合理组合、相互补充。

除补偿形式外，学者研究中还关注了包括补偿期限、退出权限、参与强度等政策实施方面的相关内容。例如，谭仲春等(2014) 在草原牧区“生态奖补”政策的研究中，涉及了补偿对象（文中指补偿金的核算依据，分为以承包草场面积为依据进行补偿，以及以家庭人口为依据进行补偿两种不同方式）、生态补偿金的发放方式（包括一次性发放及按比例分两次发放两种不同的方式）等政策内容对牧户草原保护行为的影响。王爱敏(2016) 关于水源地保护区生态补偿制度的研究中，还考虑了立法保障、资金筹集方式（提出了政府筹集、市场筹集、社会捐赠等方式）等政策内容。龚亚珍等（2016）在湿地珍禽保护区生态补偿政策的研究中，还考虑了合同年限（即补偿政策的实施年限，分为 1 年、5 年和 10 年三个不同水平）、退出权限（即补偿政策实施结束后能够退出，分为不可退出及可无条件退出两种不同方式)、土地参与比例(即农户家庭参与补偿政策的土地面积占比，分为20%、50%和100%三个不同水平)、农药减施比例(即农户在政策实施期间，相比于政策基期每年的农药减施比例，分为5%、10%、20%、30%四个不同水平)等政策内容对保护区周边居民政策参与意愿的影响。孙博等(2017)在对朱鹮保护区湿地生态补偿政策的研究中，还涉及了实施年限(含义和水平同前述“合同年限”)、土地参与比例(含义和水平同上)、农药减施比例(每年的农药减施比例，分为10%、20%、30%三个不同水平)等政策内容对周边农户政策参与的影响。同时，孙博等(2017)还提出了一系列相关措施，例如，加强相关技术培训与技术支持，鼓励农户采取环境友好型的生产方式；建立替代性的生计项目、引导非农产业发展，从而转变传统的生计方式；强化湿地保护方面的宣传教育，促使农户积极参与湿地生态补偿政策。总的来看，不同类型的补偿政策在实施方式的设计方面不尽相同，这主要与补偿政策的性质、对象和实施环境有关。此外，现有关于生态补偿政策实施方式的研究中，学者重点关注了补贴形式、实施年限、受偿群体权利义务等方面的研究，但对于政策过程中的相关配套措施的关注相对较少。

2. *实施方式的选择*

目前来看，生态保护补偿被视为外部性“内部化”的有效措施，从而得到了较为广泛的应用。但在多数以政府作为补偿主体的政策实践中，生态保护补偿的具体形式往往趋向于简单化，并且表现出极强的外部干预特征。这不仅偏离了生态保护补偿概念界定中所强调的“自愿性”原则，也可能会在一定程度上降低补偿措施的效果，而造成这一结果的根本原因很可能是，政府在政策制定过程中低估了目标社会生态系统的复杂性与差异性(Muradian et al.，2010；韩念勇，2011)。事实上，政策目标与预期结果之间出现偏差的情况时有发生，当政策设计过程受到政策制定者左右甚至主导时，往往会造成一些领域的公共政策面临困境，诸如公共卫生、环境保护、公共交通等，致使政策实施过程步履维艰，收效甚微（丁建彪，2013；潘丹，2016；方琦、范斌，2016）。这主要是因为，在以往补偿政策的制定过程中，政府往往占据主导地位，相关补偿政策的制定只是反映了政府的偏好，但缺少对目标群体（即政策作用的对象）偏好的考虑，这使得最终的补偿方案设计难以满足目标群体的政策需求，从而降低了目标群体对补偿方案的接受程度，最终导致补偿政策的激励作用难以体现（罗小娟等，2013；潘丹，2016）。因此，从目前的生态保护补偿政策来看，其目标虽然是激励受偿对象的生态保护行为，但由于受偿对象在补偿政策制定过程中的参与度过低，其对于生态保护补偿政策实施方式（补偿方式、补偿期限、补偿标准等内容）的偏好无法得到表达，从而降低了补偿政策设计的针对性，最终可能导致政策实施效果不佳（Kemkes et al.，2010；Muradian and Rival，2012；范明明、李文军，2017）。孙博等（2017）进一步指出，政策制定应是一个互动渐进的过程，基于政策制定者本身的政策优化只是政策效果提升的必要条件，而政策效果提升的根本路径则在于政策制定者与目标群体间的良性互动，因此目标群体在政策制定过程中应该发挥出与政策制定者同样重要的作用。此外，相关研究还包括：李胜（2009）在两型社会环境治理政策的相关研究中指出，政策的出台和执行应是政策参与主体（如政府、企业和公众等）之间相互博弈的过程，但目前来看，现行政策采取更多的是“自上而下”的运作机制，对政策目标群体的意愿和偏好的考察相对较少；谭仲春等（2014）在草原牧区牧民草场保护“奖补”政策的相关研究中指出，牧民是草原上最直接的利益相关者，“奖补”政策最终能否转化为牧民保护草场的自觉行动，以及良性治理草原生态目标的最终实现，必须要考虑和重视牧民的行为和偏好；张彦君和郑少锋（2014）在农户对良种补贴方式选择偏好的研究中指出，农户是良种的直接使用者，也是农业生产经营后果的直接承担者，任何补贴方式只有得到农户的认可与拥护才能真正发挥作用。方琦和范斌（2016）指出，从我国以往的政策制定过程来看，政府直接掌控着各类政策措施制定的全过程，并起到决定性的推动和主导作用，但随着我国政策制定逻辑的逐渐转变，“换位思考、按需施政”的思路也开始在现行政策制定过程中有所体现，对于政策实施效果的提升以及政策实效性的保证将有很大帮助。潘丹（2016）指出，由于政策的最终目标是激励目标群体的实际行动，因此准确把握目标群体对相关政策的内在需求，即“政策偏好”，对目标群体政策参与积极性及政策效果的提升极为关键。

3. 政策偏好的揭示

目前，关于目标群体政策偏好的实证研究方面，杨欣和蔡银莺（2012）对武汉市不同农田生态补偿方式研究表明，有49.02%的农户对现行的现金补偿方式不够满意，并且农户对农田生态补偿方式具有选择偏好（即对现金、实物、智力等不同方式的补偿存在偏好差异），同时，农户选择偏好还受到自身性别、年龄、文化程度，以及家庭年收入、人口数和抚养比的显著影响。苏芳和尚海洋（2013）以张掖市甘州区农户为例，分析了具有不同类型生计策略的农户对政府扶持的需求情况，研究结果表明，当农户将农业生产作为主要的生计策略时，其对物质帮扶和技术支持的需求更加迫切，而当农户将非农业生产作为主要的生计策略时，其对资金支持和相关政策倾斜的需求将会更加迫切。梁增芳等（2014）统计了三峡库区农户期望的面源污染治理政策的补贴标准与补贴形式，并借助相关性分析法探讨了农户政策期望的影响因素；张彦君和郑少锋（2014）基于陕西省小麦生产农户调查数据，运用Logistic回归模型分析了农户对良种补贴方式的偏好，结果表明，不仅正在接受货币直接补贴的农户倾向于继续接受这一方式的补贴，相当一部分正在接受差价购种补贴的农户也倾向于接受货币直接补贴。谭仲春等（2014）结合锡林郭勒盟、呼伦贝尔市的牧户调研数据，以及对有关部门的开放式访谈结果，从补偿对象、补偿方式以及补偿标准三个方面对当前"生态奖补"政策落实过程中的牧户偏好进行了分析，研究发现，现行奖补政策的制定与牧民意愿不尽相符，导致现行政策难以有效激励牧户自发保护草原。余亮亮和蔡银莺（2015）构建了耕地保护补偿政策满意度评价指标体系，分析了农户对现行补贴标准、补贴形式、补贴范围等政策属性的满意度。王爱敏（2016）运用描述性统计分析了水源地保护区居民对现行生态补偿政策的满意度及其期望的补偿方式与补偿标准，并借助 Probit 回归模型分析了农户政策满意度的影响因素。

关于政策偏好研究的前沿方法——选择实验法（Choice Experiment，CE），已经逐渐得到了国内外学者的广泛认可和应用（潘丹，2016）。例如，Ruto 和 Garrod（2009）在分析英国、荷兰和德国等 9 个欧盟国家的农场主对"农田环境改善计划"的偏好时，运用了选择实验法，研究结果表明，农场主对农田环境改善方案有着自己的偏好，更倾向于实施周期较短且更具灵活性的改善方案，因而需要获得相对较多的资金支持才会愿意接受那些实施周期较长且灵活性不足的农田环境改善方案。韩洪云和杨增旭（2010）在探究农户对技术支持、价格补贴和尾水标准 3 项农业面源污染治理政策的偏好时，同样运用了选择实验法，并结合陕西省眉县 189 户农户的调研数据进行了实证分析，研究结果表明，农户对上述 3 项治理政策的偏好存在明显差异，对于 3 项政策的接受度从高到低依次是技术支持、价格补贴和尾水标准，并据此提出了加强针对面源污染治理的技术支持方面的相关建议。Broch 和 Vedel（2012）以及 Villanueva 等（2015）进一步分析了其他欧盟国家农场主对"农田环境改善计划"的偏好情况，同样运用了选择实验法，农场主对改善方式存在偏好差异的情况也同样存在。在进一步研究中，Schulz 等（2013）分析了影响选择偏好的不同因素，在分析德国农场主对“绿色农业政策”的偏好时发现，农场主对“绿色农业政策”实施方案的选择偏好，会受到其个人特征和家庭特等因素的显著影响。龚亚珍等（2016）利用盐城国家级湿地珍禽保护区附近 288 户农户的实地调查数据，分析了农户对不同生态补偿政策的偏好情况，结果表明，补偿水平、合同年限、退出合同的权利、环境绩效等政策属性对农户参与意愿的影响显著。潘丹（2016）在探究生猪养殖户对技术支持（分为全面技术支持和一般技术支持）、排污费、排污标准、沼气补贴和交易市场 5 种粪便污染治理政策的偏好时运用了选择实验法，并借助多元 Logit 模型和随机参数 Logit 模型对来自不同省份的 754 户实地调研数据进行分析，研究结果表明，农户对粪便污染治理政策的选择偏好从高到低依次是沼气补贴、全面技术支持、排污费、一般技术支持、交易市场和排污标准，而且进一步的稳健性分析结果表明，不同区域农户的政策偏好程度具有显著差异。孙博等（2017）利用陕西汉中朱鹮保护区 300 份农户调研数据，分析了农户对不同湿地生态补偿方案的偏好情况，研究结果表明：农户对方案实施年限、土地参与比例、农药减少比例均表现出负向偏好，对补偿额度表现出正向偏好，农户社会经济特征对农户政策偏好的影响显著。

（四）对于已有研究的评价

总的来看，国内外相关研究可概括为如下三个方面。

（1）在补贴政策机理方面。已有生态保护补偿方面的相关研究为本书节水灌溉技术补贴机制的构建奠定了理论基础。同时，现有研究结合我国实际情况分析了建立节水灌溉补贴政策体系的重要性，并将生态保护补偿领域的相关研究成果运用到节水灌溉技术补贴政策的设计之中。此外，现有研究还依据农户行为理论，实证检验并分析了节水灌溉技术补贴对农户节水灌溉技术采用的影响，为补贴政策的作用机理分析提供了微观层面的实证依据。

(2) 在补贴标准核算方面。补偿标准作为生态保护补偿的核心内容，得到了现有研究的大量关注，为本书节水灌溉技术补贴标准的核算提供了分析基础。同时，技术采用的成本收益作为补贴标准核算的直接依据，也得到了学者的重视。已有部分学者对技术采用的成本收益进行了大致的识别与分类，并在此基础上分别从成本视角和收益视角对节水灌溉技术的补贴标准进行了初步核算。

(3) 在补贴政策实施方式的设计方面。合理的实施方式被视为补偿机制高效运行的有力保障，现有研究对补偿形式、实施期限、目标群体权利义务等方面给予了重点关注。同时，现有研究对政策实施方式的选择依据和设计思路也进行了初步的探讨，并开始认识到将目标群体政策偏好纳入补贴政策设计之中的重要性。在政策偏好揭示的实证研究方面，现有研究多以政策满意度、政策期望为切入点，借助描述统计、Logistic 回归等方法，分析目标群体对不同实施方式的偏好情况。此外，选择实验法作为揭示目标群体政策偏好的前沿方法，也逐渐开始得到国内学者的重视和应用。

已有研究为本书奠定了坚实的理论和经验基础，但同时也存在一些不足之处，具体来看，主要包括以下三个方面。

(1) 在补贴政策机理方面。现有关于生态保护补偿政策作用机理的研究，主要集中在森林生态效益补偿、流域生态修复补偿、草原畜牧业持续发展补偿等领域，但关于补贴政策作用机理的解读尚不明确，使后续节水灌溉技术补贴政策设计的相关研究缺乏相应的理论基础和指导。此外，关于政策作用机理的实证检验，现有研究多是将农户技术采用视为静态过程，进而借助影响因素分析检验补贴政策对农户技术采用的激励效果。但在实践中，农户技术采用往往是一个动态的连续过程，并在该过程中伴随着农户技术认知和政策需求的不断变化。因此，在技术采用的不同阶段，补贴政策对农户技术采用的激励作用可能会有所不同。如果忽略农户技术采用的阶段性特征，将可能导致有关补贴政策激励效果的研究缺失部分有价值的信息，甚至误导研究结论。

（2）在补贴标准核算方面。节水灌溉技术采用的成本与收益量化，是技术补贴标准核算的前提条件。但由于节水灌溉技术采用不仅能够带来可借助既有市场价格进行量化的成本与收益（如节水灌溉设备成本、节水收益、增产收益等），同时还会带来不能借助既有市场价格进行量化的成本与收益（如学习成本、交易成本、社会生态效益等）。学习成本、交易成本、社会生态效益等在测度方面存在困难，难以被量化，导致现有节水灌溉技术补贴标准的核算缺乏全面的价值基础，进而导致其科学性与合理性受到质疑。虽然，现有研究已开始关注节水灌溉技术采用的非市场化收益（如技术采用的综合效益评估中往往包含社会生态效益），但这类研究多采用专家打分法、层次分析法等对技术采用所带来的各类效益进行定性比较，而针对各类效益的具体数值进行量化的研究还相对较少。在技术采用的成本方面，针对技术采用的非市场化成本进行量化的研究也尚未见到。因此，在构建科学合理的评估指标体系的基础上，适当引入非市场价值评估方法，量化节水灌溉技术采用过程中产生的非市场化的成本与收益，才能够使全成本收益视角的补贴标准核算成为可能。

（3）在补贴政策实施方式的设计方面。目标群体的政策偏好已经开始在相关领域的政策设计与分析中得到重视，但在节水灌溉技术补贴政策研究中尚显不足。在政策偏好的实证研究方面，现有研究多借助描述统计、Logistic 回归等常规分析方法，存在以下几点不足：一是，现有基于参与意愿或参与状态的研究虽能反映受访对象对政策整体的偏好，却难以揭示其对具体政策内容的偏好，无法提供更多有价值的信息；二是，实地调研中，受访对象往往根据特定的政策情境回答参与意愿，缺少必要的灵活性，而受访群体参与状态也往往受到外部干预（如政府或村集体的强制参与等）的影响，难以反映其真实偏好；三是，基于政策期望的研究虽能考察受访对象对不同政策内容的偏好，但由于受访对象在实地调研中回答相应问题时往往是针对单一的政策属性，缺少整体性的考量，从而限制了研究结论的实际应用价值；四是，基于政策满意度的研究，更多地反映受访对象对现行补贴政策的满意程度，难以揭示其期待的政策调整方向。虽然，选择实验法可通过营造直观的政策参与情境，避免了可能存在的外部干预问题，提高了情境设计的灵活性，并在加强受访对象对政策的整体性感知的同时，也最大限度地揭示其对不同政策内容的偏好，但作为新兴的实证分析方法，仍存在以下可进一步提升之处：一是，不同政策因性质、对象和实施环境的差别，在政策内容和选择实验方案的设计上可能存在较大差异，相关结论建议的可移植性较差，因此有必要针对节水灌溉技术补贴政策重新设计实验方案，并进行计量经济学分析；二是，已有借助选择实验法的实证研究中，补贴政策的相关配套措施多是以文末政策建议形式出现，而并未在政策情境的设计中得到应有的体现，导致现有政策偏好的相关研究往往局限于补贴政策本身；三是，选择实验法在西方国家主要用于农场主调研，而在我国其使用对象则是普通的小农户，两者在受教育程度、专业化水平等方面存在的巨大差异（冯明侠、李录堂，2006；晋东海，2010；肖文金、陈海，2011；赵明奇，2015），使选择实验法在应用于我国农户调研时可能会存在一定的适用性问题（如认知障碍等），进而影响实验效果及调研数据的有效性，因此有必要针对实验对象的不同，对选择实验的相关细节进行调整或改进（如问卷的形象化处理、有针对性的调研员培训等）。

四 研究内容、技术路线与研究方法

（一）研究内容

首先，在已有研究的基础上，以外部性理论、成本收益理论、效用理论等为指导，在核心概念界定的基础上，构建节水灌溉技术补贴政策的分析和研究框架，并作为后续研究的理论指导；其次，通过对我国近年来节水灌溉技术补贴政策的梳理，探明其发展历程与实践中存在的问题，从而把握其未来发展趋势；再次，借助实证数据检验补贴政策的作用机理，明确其激励效果；最后，在节水灌溉技术采用的全成本收益量化与农户政策偏好分析的基础上，提出补贴标准、政策实施方式及其他相关措施的优化建议。围绕上述研究思路，本书设计了以下几方面研究内容。

第一，理论准备与研究框架设计。梳理节水灌溉技术补贴政策方面的已有研究成果，把握该领域的理论前沿，进而界定核心概念，并在此基础上构建节水灌溉技术补贴政策的基本框架，厘清补贴政策的作用机理、补贴标准的核算方法，以及补贴政策实施方式的设计与优化思路，进而提出本书总体研究框架。

第二，节水灌溉技术补贴政策的发展历程与实践问题分析。通过对近年来相关政策的细致梳理，明确我国节水灌溉技术补贴政策的发展历程，并从补贴标准、实施方式和其他相关措施方面剖析现行补贴政策在实践中存在的问题与原因，从而把握我国节水灌溉技术补贴政策的未来发展趋势。

第三，节水灌溉技术补贴政策对农户技术采用的激励效果分析。基于农户行为理论，分析农户节水灌溉技术采用的行为过程，并提出补贴政策与农户技术采用之间影响关系研究假说，进而通过问卷调查收集农户技术采用方面的相关数据，并运用计量经济学模型实证分析补贴政策对农户技术采用的影响，从而检验补贴政策的作用机理，并在此基础上分析现行补贴政策对农户技术采用的激励效果。

第四，节水灌溉技术采用的“全成本”测算。在识别农户节水灌溉技术采用过程中产生的市场化成本和非市场化成本的基础上，首先借助市场价格数据对技术采用的市场化成本进行测算，进而结合非市场价值评估方法、实地调研及相应的计量经济学分析方法测算农户技术采用的非市场化成本。

第五，节水灌溉技术采用的“全收益”测算。在识别农户节水灌溉技术采用过程中带来的市场化收益和非市场化收益的基础上，首先借助市场价格数据对技术采用的市场化收益进行测算，进而结合非市场化评估方法、选择实验调研及相应的计量经济学分析方法量化农户技术采用的非市场化收益。

第六，农户对节水灌溉技术补贴政策实施方式的偏好分析。在界定和识别节水灌溉技术补贴政策属性的基础上，结合选择实验法设计由不同政策属性构成的多种备选政策情境（分别代表不同的备选政策实施方式），进而通过政策参与模拟收集农户偏好数据，并运用相应的计量经济学分析方法揭示其对不同政策实施方式的偏好信息。

第七，节水灌溉技术补贴政策的优化与建议。首先，基于全成本收益的测算结果，核算节水灌溉技术的补贴标准，并提出具体的调整方向与建议；其次，基于农户政策偏好的分析结果，提出补贴政策实施方式的优化与建议；最后，针对其他相关措施方面存在的不足与问题，提出相应的建议与对策。

（二）技术路线

技术路线如图 1－2 所示。

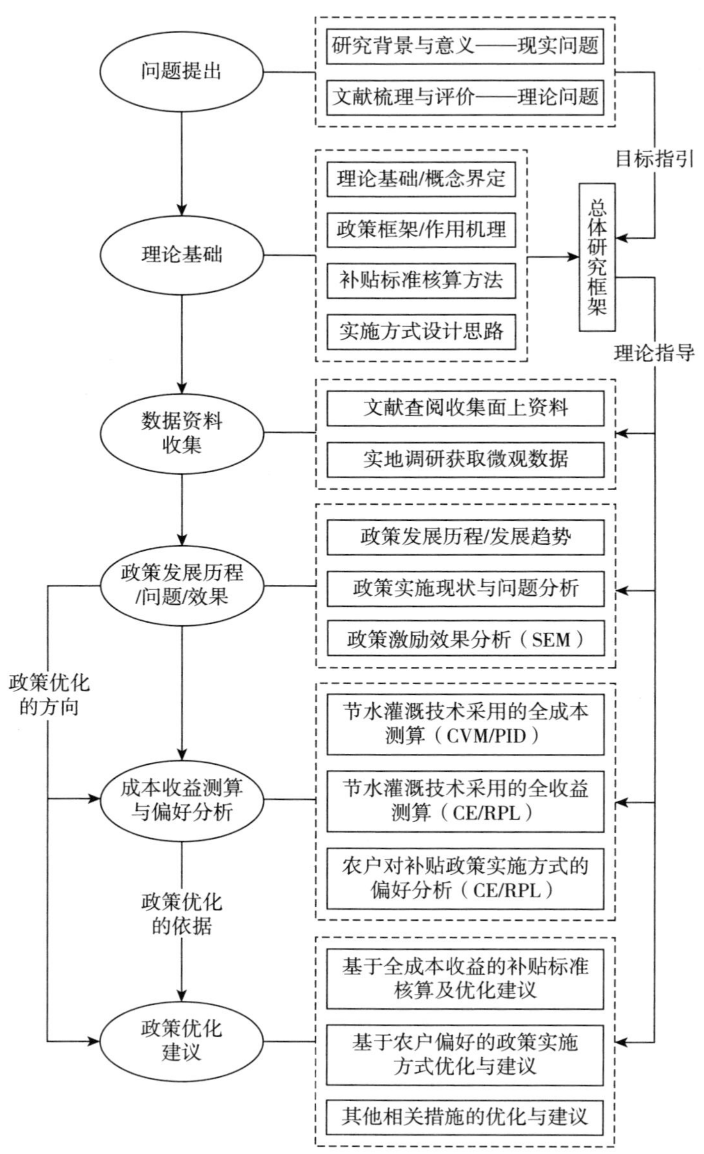

图 1－2　技术路线

（三）研究方法

结合本书研究思路与研究内容，综合运用了文献分析、概念分析、规范分析、实证分析等研究方法。具体来看：（1）运用文献研究法收集、鉴别、整理了与节水灌溉技术补贴政策相关的已有研究，从而对现有研究的进展和前沿有了更为准确的把握，有助于定位本书科学研究问题；（2）运用概念分析方法，分析和界定节水灌溉技术、全成本收益、技术补贴政策、农户偏好等相关概念的内涵和外延，为本书研究奠定概念基础；（3）运用规范分析方法，从理论层面探究补贴政策影响农户节水灌溉技术采用意愿的作用机理、节水灌溉技术采用的全部成本与收益、节水灌溉技术补贴标准核算准则、节水灌溉技术补贴政策设计原则等，并揭示其内在逻辑；（4）运用历史研究法探究节水灌溉技术补贴政策的发展历程与发展趋势；（5）运用结构方程模型（Structural Equation Modeling，SEM）、条件价值评估（Contingent Valuation Method，CVM）、PID 模型（Point and Interval Data Model）、选择实验（Choice Experiment，CE）、正交试验设计（Orthogonal Experimental Design）、RPL 模型（Random Parameters Logit Model）等实证分析方法，探析补贴政策对农户节水灌溉技术采用的激励效果，测算农户节水灌溉技术采用的全成本收益，揭示农户对节水灌溉技术补贴政策的偏好情况。上述方法在文中的具体应用情境如下。

第一，运用 SEM 检验补贴政策对农户节水灌溉技术采用的影响机理，并在此基础上分析现行补贴政策的激励效果。首先，在规范分析的基础上，提出补贴政策对农户技术采用影响的理论假设；进一步，结合理论分析构建农户技术采用影响因素分析的结构方程模型；其次，结合微观调研数据，检验政策作用机理，分析政策激励效果。

第二，运用 CVM 和 PID 模型测算节水灌溉技术采用的非市场化成本。非市场化成本是农户节水灌溉技术采用成本的重要组成，也是“全成本”视角下补贴标准核算的重要依据。考虑到非市场化成本难以通过市场价格加以计算，因此本书将借助 CVM，通过构建假想市场获取农户采用节水灌溉技术的受偿意愿（Willingness to Accept，WTA）。进而，借助 PID 模型对受访农户真实 WTA 的取值进行合理假定，从而更为全面和精确地估算滴灌技术采用过程中产生的非市场化成本，以弥补市场机制的缺失。

第三，运用 CE 测算节水灌溉技术采用所带来的非市场化收益。节水灌溉技术采用所带来的非市场化收益（也即外部社会生态收益）是“全收益”视角下补贴标准核算的重要依据。具体研究中，在明确节水灌溉技术采用与外部社会生态环境对应关系的基础上，借助 CE 构建节水灌溉技术采用的非市场化收益评估框架，通过建立假想市场测度受访者对区域生态环境改善的支付意愿数据（Willingness to Pay，WTP），进而运用计量经济分析方法估算非市场化收益的具体数值。

第四，运用 CE 模拟农户补贴政策参与情境，揭示农户政策偏好。准确把握农户对补贴政策实施方式的偏好信息，是进行政策设计和优化的基础。本书将基于 CE 设计由多个政策属性及其不同水平值构成的多种备选政策情境（也即是不同的备选政策实施方式），并在实验中使受访农户从中选出最佳的补贴方案，进而借助计量经济学分析方法揭示其对节水灌溉技术补贴政策的偏好。

第五，通过正交试验设计生成具有代表性的选择集与问卷。本书在外部效益量化与农户政策偏好揭示两部分研究内容中运用了 CE 调研，由于每份 CE 问卷均包含多个选择集供受访者进行选择，每个选择集中又包含多个属性（即能够反映标的物状态的相关指标），而每个属性又被分为多个水平值，因此对上述水平值、属性、选择集进行排列组合后，将会生成为数众多的 CE 问卷。

若要将所有问卷全部用于 CE 调研是不现实的，本书将通过正交实验设计从中优选出部分具有代表性的 CE 问卷。

第六，运用 RPL 模型估计 CE 调研受访者的效用函数。RPL 模型不同于一般形式的 Logit 模型，其主要优势有如下三点：一是，放宽了关于随机误差项的“独立同分布”（Independent and Identically Distribution，IID）假定；二是，能够满足“无关备择选项的独立性”（Independence of Irrelevant Alternatives，IIA）假定；三是，假设模型中各属性系数可被设定为特定的分布，而不局限于以往的确定值，因而可以揭示实验参与者对不同指标偏好的变异性，也更加贴近现实情况。

五 研究范围

（一）研究区域

甘肃省民勤县，位于河西走廊东北部，石羊河流域下游，总面积 16016 平方公里，辖区内各类沙漠及荒漠化土地面积占 89.8%，常住人口 24.13 万人（2016 年末）。在民勤县的东、西、北三面分布着广袤无垠的沙漠，分别是位列我国第三大和第四大的巴丹吉林沙漠和腾格里沙漠。因此，地图上的民勤县，俨然是伸向沙漠深处的“绿洲半岛”，其气候类型也属于典型的温带大陆性干旱气候。同时也可以看出，民勤绿洲在两大沙漠之间构筑起了重要的绿色屏障，对于阻止两大沙漠汇合，以及河西走廊地区区域生态安全的战略意义不言而喻（张学斌等，2014；徐涛等，2016b；徐涛等，2018a）。民勤县降雨量少、蒸发量大（据统计，年均降水量仅为 127.7 毫米，而蒸发量则高达 2623 毫米），由南部进入境内的石羊河是民勤县唯一的地表水源，也使得民勤县成为典型的绿洲灌溉农业区。目前，水资源危机已经成为民勤县面临的严峻问题之一，也使民勤县社会经济与水利事业的发展息息相关。

民勤县的生态恶化问题由来已久，最早可追溯到清朝的康熙年间。自 19 世纪初至今的两百多年里，由于沙漠的不断入侵，已经吞噬了大约 26 万亩的农田和 6000 多个村庄。从境内的两处被黄沙覆盖的“沙井文化”遗址（三角城遗址和连城遗址）来看，距离现在的绿洲边缘已经越来越远（约 6 公里），其中的三角城遗址还出土过饰有水鸟纹的彩陶，可见 3000 多年前的民勤定然不会是如今严重缺水的状态。20 世纪 50 年代以来，沙漠向民勤绿洲推进的速度开始加快，民勤西部的沙漠向前推进了 30 ~ 60 米的距离，吞噬了大约 7000 亩的耕地，北部的沙漠则以更快的速度向前推进了约 60 米的距离，并导致约 6000 亩耕地丧失耕种能力。与此同时，沙漠的侵袭还带来了严重的土地沙化问题，并导致 8 万余亩的耕地面临被沙化的风险。20 世纪 70 年代前后，湿生系列的草甸植物还能够在丘陵之间的洼地中随处可见，但随后便开始严重退化，并逐渐被旱生系列的植物取代。同时，大面积的天然林和人工林（如沙枣林）也开始在这一时期逐渐衰败，沙漠化和盐渍化问题加重，使绿洲抵抗风沙的能力大为减弱。民勤盆地盐渍化土地面积也开始从这一时期的不足 20 万亩，增加到现在的 60 多万亩，并呈现继续增大的发展趋势。

20 世纪初，石羊河尾闾青土湖（位于民勤北部）尚且有 120 平方公里左右的水域面积。当时的青土湖，水面碧波荡漾，湖岸边芦苇丛生，大量水鸟栖息于此，是一片生机盎然的优美景象。但是，随着区域人口的不断增长，以及农业灌溉需水量的大幅增加，石羊河水量被消耗殆尽，青土湖的面积也随之萎缩。至 40 年代末，青土湖水域面积已经缩减至 70 平方公里左右。至 50 年代中后期，青土湖水域面积开始呈现加速萎缩的趋势，并于 1959 年完全干涸。昔日生机盎然的石羊河尾闾青土湖，已经被漫漫黄沙覆盖。因此，到了 20 世纪 70 年代，我国出版的比例尺为

1∶50000的地图上再也找不到“青土湖”的名字。

20世纪90年代以来，一方面，由于石羊河上游祁连山雪线不断升高，植被覆盖率下降，水源供给与涵养能力大幅降低；另一方面，由于中游生活用水、工农业用水的激增，民勤县地表水来水量锐减。再加上，境内过度抽取地下水、开荒等不合理的经济活动，民勤县地下水位已由20世纪50年代的1~5米下降到了12.8~28米，最深已达40米（谢臻等，2017）。地下水位的不断下降，进一步导致民勤县乔、灌木及大片草甸萎缩、枯死，大片绿洲沦为不毛之地，土地荒漠化也因此不断加剧，荒漠边缘以每年8~10米的速度向绿洲推进，最大处每年超过120米（陈杰等，2014）。目前，民勤县各类荒漠和沙化土地面积为152万公顷（占全县土地面积的94.51%），仅有一条狭长的绿色通道和武威相连，最窄处只有1000多米，使民勤县几乎变成沙漠孤岛，成为我国典型的生态脆弱区，并成为我国北方地区沙尘暴的沙源地之一（任珩等，2014；乔丹等，2016；徐涛等，2016a；于文斌，2016）。

目前，民勤县极度恶化的生态环境问题已经引起了党和国家的高度重视。温家宝总理在任期间，多次针对民勤县生态环境问题做出重要批示，并要求“决不能让民勤成为第二个罗布泊”。国家发展改革委、水利部也曾经多次开展实地调研，并围绕石羊河流域生态治理问题召开专题会议，研究探讨解决方案。与此同时，甘肃省还专门成立了石羊河流域管理委员会，并于2001年在水利厅下设石羊河流域管理局，以加强对石羊河流域水资源管理和重点治理工作的支持力度。自2005年以来，中央与地方相继出台了《石羊河流域地表水量调度和地下水削减开采量实行地方行政首长责任制的规定》（甘肃省2006年）、《关于加强石羊河流域地下水资源管理的通知》（甘肃省2006）、《石羊河流域地表水量调度管理办法》（甘肃省2006年）、《石羊河流域水资源分配方案及水量调度实施计划》（甘肃省每年）、《石羊河流域水事协调规约》（甘肃省2006年）、《石羊河流域水资源管理条例》（甘肃省2007年）及《石羊河流域重点治理规划》（国家发展改革委、水利部2007年）等一系列政策规范与治理措施。其中，国家发展改革委、水利部于2007年12月联合印发的《石羊河流域重点治理规划》总投资达到了47.49亿元，按照规划的总体思路，要在石羊河上游实施水源保护措施，在中游实施生态环境修复措施，在下游将对民勤绿洲实施抢救性措施，并通过节水型社会建设、产业机构调整、灌区节水改造、水资源配置保障、生态移民等措施，使脆弱的石羊河流域生态系统得到有效的保护与修复。

近年来，为缓解境内水资源严重短缺对区域生态环境及居民生产生活造成的巨大压力，民勤县积极落实了最严格的水资源管理制度，并建立和完善了水资源管理体系，在实现水资源利用的定额管理、有偿转让等方面迈出了实质性步伐。与此同时，为切实提高灌溉水资源的利用效率，民勤县还编制完成了《"十二五"高效节水灌溉发展规划》，积极推广了小畦灌溉、垄膜沟灌、管道输水、膜下滴灌等节水灌溉技术，并尝试建立农业节水补贴机制来促进用水户提高节水意识。2014年，水利部开展国家高效节水灌溉示范县建设工作，并于2015年将民勤县认定为首批六个国家级高效节水灌溉示范县之一，标志着民勤县现代化高效节水灌溉体系建设步入新阶段。

（二）节水灌溉技术

目前，我国农业生产中常用的节水灌溉技术主要包括渠道防渗、沟灌、沟中覆膜灌、低压管灌、滴灌、渗灌、喷灌、微喷等。节水灌溉技术的应用不仅可以有效提升灌溉用水效率，同时还有助于农作物增产提质，肥料与劳动力的节约及农业现代化的发展。由于本书研究中涉及了较多的节水灌溉技术采用成本收益，而不同节水灌溉技术对水肥利用、耕地质量和农产品质量安全的影响不尽相同，所带来的外部效益也可能不同，因此在具体分析中将结合特定的技术展开，以使相关讨论能够更加清晰和准确。结合研究区域特点，本书将围绕推广价值较高、发展潜力较大的高效节水灌溉技术（如滴灌、喷灌、渗灌等）展开讨论。同时考虑到，民勤县地处沙漠深处，气候异常干燥，若采用喷灌技术将会造成大量的蒸发损耗，渗灌技术虽能最大限度地降低蒸发损耗，但却面临投资成本高、施工复杂、管理维修困难等阻力。而膜下滴灌技术不仅可以借助地膜覆盖减少蒸发，其投资成本也在可接受的范围内，因此本书将基于这一技术讨论补贴标准。

滴灌技术是微灌技术的一种，它是将有压灌溉水通过逐级管道及滴头，均匀而缓慢地滴入作物根部直接灌溉的一种先进灌水技术，因而可根据作物蓄水情况达到精准灌溉的目的。目前，滴灌技术是一项具有广阔应用前景的工程节水技术，也是我国政府和研究区域重点推广的高效节水灌溉技术之一，该技术可根据作物需水情况进行精准灌溉，节水效率达到30%～50%（尉红侠等，2007；黄士杰，2008；康静、黄兴法，2013；董彦红等，2016；范王涛、李刚，2017）。滴灌系统由水源工程、首部枢纽、管道系统和灌水器（滴头）4部分组成，如图1－3所示，各部分构成及主要作用如下。(1) 水源工程。为从水源取水而修建或购置的用于拦水、引水、蓄水、提水、输水和沉淀的工程或设备，以及相应的输配电工程，统称为水源工程。(2) 首部枢纽。由抽水装置、动力源、过滤装置、加压装置、施肥装置和计量装置等组成。其作用是从水源抽水加压，施入肥料液，经过滤后按时按量送进网管。首部枢纽的土建工程包括设备基座、泵房、配电间和管理房等。(3) 管道系统。包括主干管、分干管、支管、毛细管（滴灌带）及各级管道连接件和压力调节设备等，主要承担向田间输配水的任务。（4）灌水器。滴灌系统的灌水器主要是滴头，是直接向作物灌水施肥的设备。

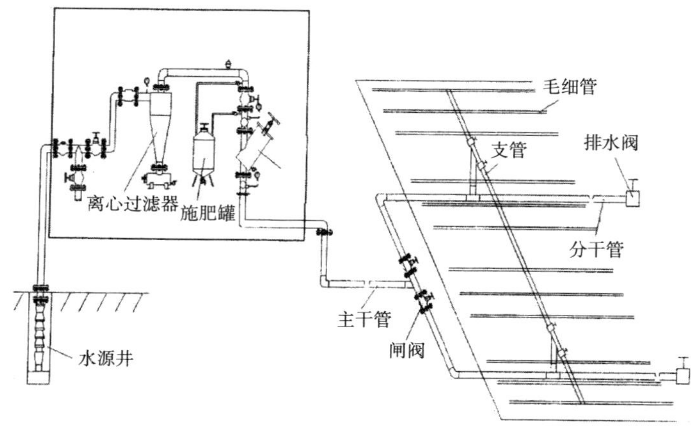

图1-3 大田滴灌系统构成

资料来源：民勤县水务局（2013）。

滴灌系统通过滴灌管上的田间滴头，让水缓慢滴出，直接向作物根区土壤供应水分、肥料或其他化学药剂，并在重力和毛细管的作用下进入土壤之中，使农作物根区附近的土壤能够保持适中的水分和养分，以实现农作物生产所需的最佳条件，达到高产优质的目的。具体来看，滴灌技术与传统的沟灌和畦灌相比，具有以下显著优点。（1）节约灌溉用水量。滴灌技术是微灌的一种，整个灌溉过程中采取全管道输水，能够将作物所需水分直接输送到所需部位，从而能够最大限度地降低输水过程中的水分损失，因此滴灌也被进一步细分为局部微量灌溉。（2）节约化学品投入量。将化肥或其他化学药剂溶解后注入滴灌系统（有专门的施肥罐可用于化学品的投放），随水流直接注入作物根区。水肥一体化的实现可减少化学品的损失量，可大大提高其有效利用率，其中化肥节约量在30%～40%。同时，因滴灌技术属于小范围局部控制，微量灌溉，化学品渗漏较小，也非常有利于地下水污染的缓解。(3) 节省劳动力投入。滴灌系统仅需通过阀门进行灌溉控制，同时也节省了施肥等人工操作，因此相比于传统灌溉方式，可大幅节省相应生产环节的人工投入。此外，由于滴灌技术多与地膜覆盖配合使用，因此也经常被称作“膜下滴灌技术”。由于受到地膜覆盖，地表杂草难以长出，而地膜与地膜之间的作业行（空白土地），因土壤湿度较小（不在灌溉范围内），也不利于杂草生长，使得田间杂草数量大幅减少，也可相应地减少除草用工。(4) 保持土壤结构。由于传统大水漫灌具有冲蚀力度强、压力大等特点，会在一定程度上造成土壤原有结构的改变，灌溉过后的土壤容易产生严重的板结问题，如果不采取“中耕松土”等措施，将会导致土壤通气性能下降，从而影响作物正常生长。而滴灌技术的特点是小水渗流、微量灌溉，灌溉用水是缓慢均匀地渗入土壤之中的，能够有效保护土壤的原有结构，从而形成适宜农作物生长的土壤环境。(5) 提升农产品的产量与质量。作物从种下、出苗起，就能够得到适时、适量的水分和养分供给，作物生长始终处于最优状态。同时，采用膜下滴灌技术的农田田间湿度较小（因地膜覆盖，水分蒸发量小），能够有效降低作物病虫害的发生率，从而提高农作物产量，改善农产品品质。此外，由于农作物病虫害发生率降低，需要喷施的农药也会相应地减少，对于农产品质量安全程度的提升也有一定的积极影响。

从上述滴灌技术采用的诸多优点来看，在西北干旱地区推广滴灌技术，可有效缓解农业用水对生态用水的挤占，对于旱区生态环境的保护与修复具有重要意义。与此同时，滴灌技术的采用还能实现化肥农药的高效利用，从而减少农业污染源的排放，缓解农业生产带来的面源污染问题（邢英英等，2015；徐涛等，2016a）。因此，滴灌技术的大范围推广，不仅能够在提高农业水资源利用效率方面发挥重要作用，还能为区域生态环境的改善带来转机。为此，民勤县自 2007 年以来，在“石羊河流域重点治理规划”“国家高效节水灌溉示范县”“河西走廊高效节水灌溉示范区建设项目”等政策规划的支持下，开始大面积推广农田配套滴灌工程。但在实践中，尽管政府推广膜下滴灌技术的力度逐年加大，但农户对补贴政策的响应程度仍存在明显不足，农户采用率仍然不高（李全新，2009；张淑兰，2014；杨全斌，2014）。

（三）数据说明

本书所需数据主要涉及以下两方面：一是，民勤县节水灌溉技术推广情况，包括技术推广区域基本情况、节水补贴政策具体内容、技术补贴政策实施情况和农户技术采用基本状况等方面，这部分数据主要通过对统计数据的收集、相关研究资料的整理和对民勤县地方政府的走访调查等途径获得；二是，微观层面的实地调研数据，包括“农户节水灌溉技术采用意愿数据”“农户节水灌溉技术采用的受偿意愿数据”“居民为生态环境改善的支付意愿数据”“农户节水灌溉技术补贴政策偏好数据”，这四部分数据主要通过实地入户调查获得，分别对应“补贴政策对农户技术采用的激励效果分析”“非市场化成本测算及全成本视角的补贴标准核算”“非市场化收益测算及全收益视角的补贴标准核算”“农户政策偏好揭示及政策实施方式优化”四部分研究内容。

由于本书在“非市场化收益测算”与“农户政策偏好揭示”两部分实证研究中采用了选择实验法，因此在获取“居民为生态环境改善的支付意愿数据”和“农户节水灌溉技术补贴政策偏好数据”时需要进行选择实验调研。根据已有研究经验，选择实验调研相对于传统调研更为复杂且不易被受访者理解，如果在一次调研中同时涉及多次选择实验，则容易造成受访者认知负担，进而影响调研数据的有效性。为避免上述问题，上述四部分微观数据共分两次进行调研完成，每次调研中仅涉及一次选择实验，两次调研分别于2015年12月和2016年8月实施，实地调研所涉及的受访者生产生活信息均以2015年为基准。其中，2015年12月实施的实地调研主要是为了获取“农户节水灌溉技术采用意愿数据”“农户节水灌溉技术采用的受偿意愿数据”“居民为生态环境改善的支付意愿数据”，2016年8月实施的实地调研主要是为了获取“农户节水灌溉技术补贴政策偏好数据”，具体情况如表1－2所示。

表1－2　调研数据统计

调研时间	调研对象	数据内容	有效问卷（份）	有效率（%）
2015.12	农村居民	农户节水灌溉技术采用意愿数据	332	92.22
		农户节水灌溉技术采用的受偿意愿数据		
		居民为生态环境改善的支付意愿数据		
	城镇居民	居民为生态环境改善的支付意愿数据	266	94.17
2016.8	农村居民	农户节水灌溉技术补贴政策偏好数据	136	88.31

本书实地调研采用了分层抽样和随机抽样相结合的方法。在乡镇（街道）一级，按照片区、人口及居民人均纯收入水平分层随机抽样，在村（社区）一级，按照户数分层随机抽样。其中，农村居民调研覆盖了离县城远近不同、土质类型不同、主要农作物不同、地下水位不同的各乡镇；城镇居民调研覆盖了县城东西南北四面的主要街道。具体的样本分布情况如表1－3所示。

表1－3　样本分布情况统计

调研时间	调研对象	样本分布
2015.12	农村居民	红沙梁乡59份（17.77%），东湖镇57份（17.17%），大滩乡38份（11.45%），双茨科乡37份（11.14%），薛百乡47份（14.16%），苏武乡45份（13.55%），大坝乡49份（14.76%）
	城镇居民	东大街92份（34.59%），西大街43份（16.17%），南大街73份（27.44%），北大街58份（21.80%）

续表

调研时间	调研对象	样本分布
2016.8	农村居民	红沙梁乡26份（19.12%），大滩乡24份（17.65%），泉山镇22份（16.18%），三雷镇24份（17.65%），大坝乡21份（15.44%），苏武乡19份（13.97%）

六　本书创新之处

（1）理论创新。本书从全成本收益和农户偏好的视角研究节水灌溉技术补贴政策，改进了节水灌溉技术补贴标准的核算方法，优化了补贴政策实施方式的设计思路。首先，与以往研究单一地从成本视角或收益视角核算补贴标准不同，本书分别从上述两个视角对补贴标准的上限和下限进行了核算，并且在补贴标准核算中引入了“全成本收益”这一概念，克服了以往研究对于技术采用非市场化成本与非市场化收益的模糊认识甚至忽略，进而分别从“全成本”与“全收益”两个视角给出了补贴标准的核算方法，提升了补贴标准制定的有效性与科学性，也体现了节水灌溉技术补贴政策的合理性和公平性；其次，在补贴政策实施方式的设计与优化研究中，引入了“政策偏好”这一概念，克服了以往政策研究对目标群体（农户）政策偏好的忽视，并在此基础上提出了纳入农户政策偏好的政策设计思路，从而使得节水灌溉技术补贴政策在具体实施方式上能够体现农户意愿，进而有助于补贴政策实施效果的提升。

（2）研究方法的创新之一。将非市场价值评估方法应用于节水灌溉技术采用的非市场化成本与非市场化收益的量化分析中。一是，在非市场化成本量化方面，结合应用开放式和支付卡式两种引导技术，设计了针对农户调研的条件价值评估（CVM）问卷，提高了农户受偿意愿（WTA）信息收集的有效性；进一步，基于PID模型对农户真实受偿意愿（WTA）做出了更为合理的假定，从而提高了模型估计结果的准确性。二是，在非市场化收益（外部社会生态收益）量化方面，在探明节水灌溉技术采用与区域社会生态环境变化之间对应关系的基础上，设计了选择实验法（CE）设计调研方案，并通过选择实验调研获取研究区域居民对社会生态环境改善的支付意愿（WTP），最终借助 RPL 模型估计实现了对节水灌溉技术采用的非市场化社会生态收益的量化。

（3）研究方法的创新之二。将选择实验法（CE）引入农户政策偏好的揭示中。首先，结合研究区域节水灌溉技术补贴政策现状，设计由关键政策属性组合而成的备选政策及选择情境，并通过农户层面的政策参与模拟获取农户偏好信息；其次，借助 RPL 模型估计，揭示了农户对节水灌溉技术补贴政策实施方式的偏好情况。相比于以往研究方法，基于选择实验法（CE）模拟农户政策参与，能够为实验参与者营造直观的政策参与情境，不仅避免了可能存在的外部干预问题，也提高了情境设计的灵活性，不仅加强了农户对政策的整体性感知，也能够最大限度地揭示其对不同政策属性的偏好，从而有助于补贴政策精准性和实效性的提升。

第二章

节水灌溉技术补贴政策研究的理论基础与总体框架

一 理论基础

（一）外部性理论

在1890年出版的经济学经典著作《经济学原理》（马歇尔，2015）中，剑桥学派和新古典学派的创始人弗雷德·马歇尔（Alfred Marshall）提出了“外部经济”概念，这是外部性理论的起源。马歇尔认为，内部因素和外部因素都会对企业效率产生影响，其中，外部因素包括市场发展阶段、原材料供应与产品销售渠道、交通信息便捷程度等多个方面。相应的，由外部因素引起的企业平均生产成本的降低，被称为外部经济。所谓“外部性”则主要是指，某一经济主体实施的某一行为对另一经济主体造成了影响（这种影响可能是好的影响也可能是不好的影响），并且在这一过程中没有伴随着市场交易，也就是说，受到影响的经济个体并没有因为得到好处或者受到伤害，而为此支付费用或得到补偿。如上所述，外部性有好坏之分，能够使他人受益的外部性被定义为“正外部性”（Positive Externality），而能够使他人利益受损的外部性被定义为“负外部性”（Negative Externality），但无论是正外部性还是负外部性，实施外部影响的行为个体都无须为之付出代价或承担成本。虽然，多数学者都能够对外部性的上述概念表示认同，但需要指出的是，不同的经济学家对其产生的原因和解决办法仍持有不同观点。其中，最具代表性的两位经济学家应该是庇古（Cecil Pigou）和科斯（Ronald H. Coase），他们的观点分别蕴含于经典的“庇古理论”和“科斯定理”之中。

在1920年出版的《福利经济学》一书中，英国著名经济学家、剑桥学派的主要代表人物之一庇古使用了“边际私人净产值”和“边际社会净产值”两个概念，通过分析两者之间的背离阐释了外部性问题。其中，边际私人净产值是指，个人或企业在生产过程中每增加1单位投入要素所能够得到的产出量，而边际社会净产值则是站在整个社会的视角来看，也就是，将社会上的所有个人及企业视为一个整体，其每增加1单位投入要素所能够得到的产出量（Pigou，1920）。之后，制度经济学鼻祖、芝加哥经济学派代表人物之一科斯在其1960出版的《社会成本问题》（Coase，1960）一书中，以案例的形式分析了外部性问题。科斯所列举的一些常见案例在我们的生活中并不陌生，例如，工厂在生产过程中通过烟筒向外排放烟尘，并使工厂周围的居民因此受到了有害的影响；分别以种田和养牛为生的农夫在临近的两块土地上经营，由于牛群走失造成了邻家谷物的损失；由于火车在行驶过程中引擎时常会迸发火星，并可能引燃沿线的农作物并引发火灾，从而使沿线农户蒙受一定的损失。在后来的研究中，围绕科斯外部性又提出了很多经典的案例，例如，养蜂人会常常随着植物的花期而迁徙，经营果园的农场主可能会因为养蜂人的“光顾”而受益，但实际上养蜂人可能对此并不知情，而只是他所饲养的蜜蜂无意间“溜进”了农场主的果园；工厂在生产过程中的排污行为很可能会造成湖水的污染，这会给在湖中从事养殖业的渔民带来灭顶之灾。

胡石清和乌家培（2011）在对已有研究归纳分析的基础上，从外部性的形成原因出发，提出了其所具有的两点基本特征，即“决策的非参与性”与“缺乏有效的反馈机制”。基于上述两点特征，胡石清和乌家培重新对“外部性”的概念进行了定义，即“在缺乏有效反馈机制的情况下，特定经济活动的受影响方虽然并未参与决策，但却受到了经济活动所带来的影响，并且不会因为受到影响而受到补偿或支付相应的费用，这样就产生了外部性”。实际上，我们之所以要提出“外部性”这一概念，主要目的其实是要解决它所带来的问题。现实社会中，在缺乏有效反馈机制的情况下，未参与决策的被动受影响方不会因为受到负面的影响，而从经济活动的实施方那里得到相应的补偿，如何解决这一问题应该是我们讨论外部性的原因所在。

如图 2－1 所示，本书以特定经济活动为例，将社会经济系统简化为经济活动的行为主体、经济活动的间接参与者以及社会和自然环境（这里略去了可能影响经济活动进行的管理者）。从胡石清和乌家培（2011）的定义来看，一方面，“决策的非参与性”是指，特定经济活动中的行为主体 A 在决策过程中，并没有与该经济活动可能会影响到的其他社会个体 B 进行协商，从而使 B 被动地受到了 A 所实施的特定经济活动的影响，成为特定经济活动的间接参与者；另一方面，“缺乏有效的反馈机制”是指，由于 B 不能够通过反馈机制从 A 那里得到相应的补偿，这样 A 的行为对于 B 来说就是有外部性的。但是，如果 B 能够参与到 A 的行为决策之中，并通过有效的反馈机制从 A 那里获得一定的经济补偿，外部性就不会存在。这里，需要注意的是，“经济活动的行为主体”与“经济活动的间接参与者”之间的箭头是“弯曲”的，而非直向箭头。因为，在大多数情况下，具有外部性的经济活动对其间接参与者的影响是通过间接影响的方式实现的。

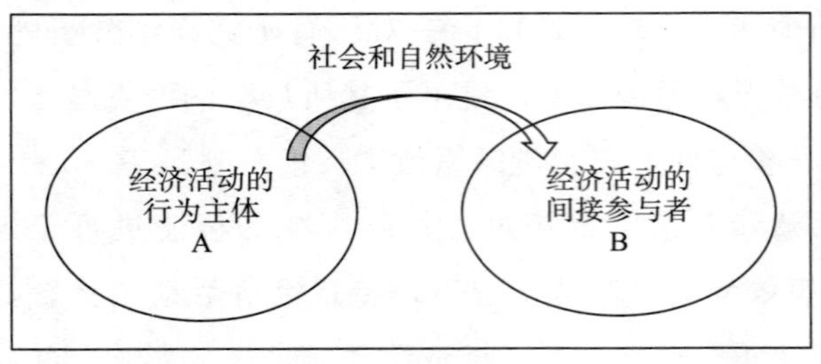

图 2-1 简化的社会经济系统

结合前文中给出的外部性定义，我们将节水灌溉技术采用所能影响到的经济个体和周边环境视为一个经济系统。在这个系统内，特定的经济活动即为节水灌溉技术的采用，特定经济活动的行为主体（直接参与者）即为从事种植业生产的农户，外部环境即为特定区域内的社会经济和自然环境，特定经济活动的间接参与者即为受到社会环境变化影响的非种植业者（城镇居民，以及从事非种植业生产的农村居民等）。一方面，节水灌溉技术的采用不仅会影响到其直接使用者的成本收益，也会对其周边社会和自然环境产生一定的正向影响，而社会和自然环境的改善又会为区域内的非种植业者带来一定的收益，这部分居民由于没有直接参与节水灌溉技术采用行为决策中，但又间接地受到这一经济活动的影响，成为这项经济活动的被动参与者（间接参与者），从而体现了外部性的第一条特性——“决策的非参与性”。另一方面，农户承担了节水灌溉技术采用的成本，而间接参与者也从中获得了一部分无须成本的收益，这份“免费的午餐”则体现了外部性的第二条特性——“缺乏反馈机制”。

（二）公共产品理论

早在 19 世纪末，一些奥地利和意大利学者在论证政府干预市场经济运行的合理性时，将边际效用价值论引入了财政学科的研究之中，于是便形成了所谓的公共产品理论。根据这一理论，人们将社会上的产品划分为“私人产品”（Private Goods）和“公共产品”（Public Goods）两种不同的类型。新古典综合派的代表人物、当代凯恩斯主义的集大成者萨缪尔森（Paul A. Samuelson）曾经在《公共支出的纯理论》一文中对公共产品的概念进行过界定：“对于纯粹的公共产品来说，每个人对这类产品的消费和使用，都不会减少其他人对其消费的减少”（Samuelson，1938）。这是关于纯粹的公共物品的定义，它蕴含了公共物品的两个方面的基本特征：一个是“非排他性”，这一特征是指，社会上的所有人都不会被排除在对这一商品的消费之外，也就是说，这类商品能够在不直接付费的情况下被社会上所有的消费者公平地享用，而这类商品的提供者也很难或者根本不可能从这类商品的消费者那里收取到相应的费用；另一个是“非竞争性”，这一特征是指，在某一给定的供给水平下，公共产品的消费者每增加或减少一个，其边际成本仍为零，也就是说，公共产品能够在不增加供给成本的情况下，使每个人都能公平地消费它，因此公共产品的消费者之间是互不影响的（即我对公共产品的消费不会影响到你继续消费它的可能性）。基于上述分析可知，由于公共产品所具有的上述两个基本特征，保证了它可以零边际成本向社会上的所有消费者提供服务。与此同时，以上特征还告诉我们，公共产品具有消费上的不可分割性，也就是说，如果这类产品是由市场上的某一厂商提供（即只有付费之后厂商才会提供相应的产品或服务），那么当消费者意识到公共产品的非竞争性和非排他性时，其中的绝大多数将可能不愿成为那个为公共产品付费的人，而更可能选择等待其他人付费之后自己再顺便享用（因为，对于公共产品来说，这样是被“允许”的），这就产生了所谓的“搭便车”现象。但是，如果每个社会成员都想享受免费的午餐，而不愿意付费给公共产品的提供者，那么最终的结果很可能是社会上没有公共产品的供应，也没有人能够享用到它所带来的便利。上述分析结果显示，“搭便车”现象最终很可能演变为公共产品供给的市场失灵。

从农业灌溉用水的角度来看，它具有私人产品的特征，应该被界定为私人产品。因为，一方面，灌溉用水具有排他性，农户只有支付了相应的水费之后才能进行灌溉；另一方面，灌溉用水还具有竞争性，当一定量的灌溉用水被某一农户使用之后，其他农户则不能同时或再次进行使用。然而，当我们把农业节水的生态环境效益和社会效益考虑进来的时候，农户节水灌溉技术采用就具有了公共产品供给的行为特性（方国华等，2004；郭永奇、张红丽，2010；李珠怀，2014）。因为，农户通过采用节水灌溉技术减少了水资源浪费，从而保护了稀缺的水资源，而节约的水资源即可用于生态系统中其他动植物生长的需要，也可用于社会系统中其他部门或个体的生产生活需要，从而带来区域生态环境的改善和社会经济的可持续发展。这些生态环境效益和社会效益能够使区域内全体居民受益，因为其对于区域内的居民来说是一种社会生态产品，而且这种产品不仅具有非竞争性和非排他性，同时也具有消费上的不可分割性（李珠怀，2014）。也就是说，区域内每个居民都不会被排除在对这种社会生态产品的消费之外，一个居民的消费也不会对两个居民的消费造成影响，而且一旦这种社会生态产品被提供出来，区域内的所有居民都能够在不进行支付的情况下对其进行消费。正因如此，在节水灌溉技术采用带来的社会生态产品的供给与消费过程中，也存在“搭便车”现象。例如，农民通过节水灌溉技术采用，减少了灌溉水的使用量，进而间接地增加了区域内生态用水的可支配量，使区域居民都能享受到生态环境的保护或改善，而不用支付相应的费用。但如果节约灌溉用水的农民长期不能得到利益补贴，同时还要承担高额的节水灌溉技术采用成本，这种社会生态产品的充分供给将会难以保障。

（三）成本效益分析理论

成本效益分析是评估特定项目实施价值的一种方法，其目的是寻求投资决策的成本最小化和效益最大化。事实上，随着社会经济的快速发展，政府需要投资的公共事业项目越来越多，不得不重视项目投资所需的成本和效益，因而需要一种能够量化和比较成本效益的分析方法。借助这一契机，成本效益分析理论得到了快速发展，并经常作为一种决策分析方法被广泛应用于政府部门的计划制订之中，以评估实施公共事业项目需要承担的成本及其所能带来的社会效益。目前，成本效益分析正逐渐成为政府政策分析的重要工具，在政策成本效益评估方面也得到了非常广泛的应用。具体来看，通过对评估政策可能产生的成本与效益进行货币化的比较，我们可以清晰地知道哪一个备选的政策方案能够为社会带来最大的经济效益，从而为政策制定者判别备选方案的优劣提供依据。虽然，关于成本效益分析的概念界定，不同的学者可能具有不同的认识，但其所表达的内涵基本上是一致的，并大体上可以概括为以下几点：一是，成本效益分析是一种决策分析方法，它将福利经济学的相关分析方法和工具运用到了公共事业项目投资决策、政策法规的制定过程之中，成为监管者、大型组织等的重要决策分析工具；二是，成本效益的最终目的是甄别最佳方案，其判别标准是特定项目或政策所能带来的效益要大于其实施成本，其前提条件则是将被评估对象的成本与效益进行货币化（因为一些特殊项目的成本效益可能是非货币性的，货币化的过程主要是提升成本效益的可比性）；三是，由于被评估对象往往是公共的政策或项目，评估的目的则是优选出能够带来最大社会效益的备选方案，因此评估者也应该从社会整体的利益出发，而不能将私人利益或小团体的利益掺杂其中。

基于上述分析可知，成本效益分析通过评估相关领域的政策法规的实施成本，及其可能对社会、经济、环境带来的效益，并将这些成本和效益以货币化的形式呈现，以增加其可比性，从而为政府或组织制定决策提供价值标准。实质上，成本效益分析更多的是对相关政策法规实施效果的一种预测。在本书研究中，我们将成本收益分析应用于对实施节水灌溉技术的全部成本与全部收益的评估之中，从而提高技术补贴标准制定的科学性和合理性。由于实施节水灌溉技术不仅会带来货币化的成本与收益（如设备成本、节水收益等），同时也会带来非货币化的成本与收益（如学习成本、生态环境效益等）。因此，货币化节水灌溉技术采用的全部成本与全部收益，从而提升其可比性，应该是本书进行成本收益分析及补贴标准核算的前提和基础，同时也是后续研究的重点和难点问题。

（四）效用理论

效用理论研究的是消费者如何在有限收入的限制下，分配自己对于各种商品的消费量，从而使自身满足程度达到最大化。这里，消费者被假定为理性个体，能够在有限的资源条件限制下，根据自身需求做出最优选择。实际上，消费者在上述抉择过程中受到了正反两个方向的影响作用：一方面，由于受到自身对特定商品需求的正向激励，消费者会尽可能多地消费该商品；另一方面，由于受到有限收入的负向制约，消费者会尽可能地优化消费配比，以提高有限收入的利用效率。因此，所谓的“最优选择”就是需要消费者充分利用有限的收入，通过合理优化商品组合，从而达到自身效用的最大化。

借助效用理论考察消费者行为，可以采用两种分析工具：一种是边际效用分析法，其基础是基数效用论；另一种是无差异曲线分析法，其基础是序数效用论。其中，基数效用论者的基本观点是，效用可以计量，也可以进行加总求和运算，并于 19 世纪和20世纪被西方经济学者普遍使用。在基数效用论中，有总效用（Total Utility）和边际效用（Marginal Utility）之分。由于边际效用递减规律的存在，在消费者购买特定商品的数量逐渐增加的过程中，该商品所能为消费者带来的边际效用呈现递减趋势。当消费者购买该种商品的数量增加到一定程度时，其所能为消费者带来的边际效用递减为零，此时消费者所能获得的总效用将达到最大。如果消费者继续消费该商品，边际效用就会变为负值，并带来总效用水平的下降。这表明，消费者购买特定商品并不是越多越好，而是存在一个均衡点。基于边际效用递减规律，我们能够找到这一均衡点。问题的本质是，消费者将自己的有限收入用于支付各种商品的购买花费，并通过合理化分配获得最大效用。那么，基于边际效用递减规律的均衡条件就是：消费者应该尽自己所能，使用于购买各种商品的最后1单位收入与其所带来的边际效用相等。在假定消费者只消费两种商品的情况下，上述均衡条件的公式化表达如下：

$$\frac{MU_1}{P_1}=\frac{MU_2}{P_2}=\lambda \tag{2-1}$$

1934年，希克斯（John R. Hicks）和艾伦（Roy G. Allen）在《价值理论的再思考》一文中指出，效用实质上是一种心理现象，因而无法找到一个合适的单位来对它进行计量。他们同时认为，消费者在市场上做出商品购买决策时，实际上只是对不同商品进行了排序，而不是比较各种商品所能带来的效用的大小（Hicks and Allen，1934）。于是，他们借助由埃奇沃思（Francis Y. Edgeworth）发明的“无差异曲线”（Indifference Curve）对效用进行了重新诠释，于是就产生了所谓的序数效用论。因此，也可以说，序数效用论弥补了基数效用论在解释消费者行为时存在的不足。基于上述分析可知，序数效用论者会认为，商品能够给消费者带来的效用的大小，应该用顺序或等级来表示，其分析工具则是无差异曲线及预算线（Budget Line，它是在既定价格水平下，消费者基于给定收入可能购买到的所有商品组合点的轨迹）。那么，相应的均衡条件则是：在消费者无差异曲线与其预算线的切点处达到最优。同样地，在假定消费者只消费两种商品的情况下，上述均衡条件的公式化表达如下：

$$MRS_{12} = \frac{MU_1}{MU_2} = \frac{P_1}{P_2} \tag{2-2}$$

由上述公式（2－1）和公式（2－2）可知，分别基于基数效用论和序数效用论推导得出的消费者均衡是一致的。在本书研究中，我们将借助效用理论构建假想市场，并在此基础上设计选择实验方案，从而模拟受访者的购买行为，最终借助实证数据分析来揭示受访者的偏好情况。具体来看，在本书第六章中，我们将会探讨城乡居民对区域生态环境改善支付意愿，通过构建关于生态服务产品的假想市场来观察受访者消费行为，从而揭示其对生态服务产品的偏好情况；在本书第七章中，我们将会探讨农户对于不同节水灌溉技术补贴方案的偏好信息，同样是通过构建虚拟场景，来模拟农户选择性参与补贴政策的行为过程，从而获取农户对补贴政策的偏好信息。

（五）农户行为理论

农户行为是指农户在生产、生活中进行的各种选择与决策，主要包括生产行为和消费行为等，但概括地讲，这些行为都属于经济行为的范畴。在分析个体经济行为时，我们通常会对经济个体的理性程度做出假定。目前来看，不同学者对于农户的经济理性程度持有不同观点，其中一些学者认为，农户是具有完全经济理性的经济个体，而一些学者则认为，农户是非理性的经济个体，也有一些学者则认为，农户具有不完全的经济理性。因此，基于对农户经济理性的不同假定，也就发展出了农户行为研究的不同学派。目前，农户行为研究的主流学派有“理性小农学派”、“组织生产学派”和“历史学派”，具体如下。

（1）理性小农学派。该学派的代表人物是美国著名经济学家、芝加哥经济学派成员舒尔茨（Theodore W. Schultz），他将“经济人”的观点运用到传统农业部门的研究领域中。也就是说，理性小农学派将小农户假定为完全理性的经济个体，与其他微观经济主体（如企业等）之间不存在本质上的差别。因为，根据理性小农学派的观察，在完全竞争的条件下，小农户也在竭尽全力地最大化自己的效用。例如，在购买生活用品或者生产资料时，他们非常在意市场价格，寻求物美价廉的商品；在雇用工人之前，他们也非常在意雇用工人的工资水平，经过一番比较之后才会做出决定。因此，理性小农学派认为，在既定的要素禀赋和技术条件的约束下，小农户有能力察觉要素价格的变动情况，并且其所具有的理性程度也足够帮助他们实现自身利益的最大化，从而使生产要素配置符合帕累托最优原则（西奥多·W. 舒尔茨，2006）。在之后的研究中，波普金（Samuel L. Popkin）进一步指出，小农户能够根据自己的偏好和价值观评估备选方案，并做出他们认为能够带来最大效用的选择。这一假说丰富了理性小农学派关于农户行为的研究假定，将小农户行为决策的局限性纳入了考虑范围，但与舒尔茨的观点仍然非常接近，因而学术界也往往将它们合称为“舒尔茨—波普金命题”。

（2）组织与生产学派。该学派又称自给小农学派，其代表人物是苏联社会农学家恰亚诺夫（Alexander Chayanov）。组织与生产学派学者更多的是从社会学角度来分析农户经济行为，他们认为农户从事农业生产的主要目的并不是拿到市场上出售，而是满足家庭成员的需求，因而认为小农户应该是非理性的（Chayanov, 1966）。恰亚诺夫通过对苏联集体化之前的农户进行追踪调查发现，在高度自给自足的社会大环境下，小农户进行农业生产主要是从家庭全体成员的总需求角度考虑问题，他们追求的目标是以最少的劳动投入来满足家庭成员的基本需要，而不是经济收益的最大化。因此，对于自然经济状态下的小农户来说，一旦家庭成员的生活需求能够得到满足，小农户就会失去继续增加投入的动力。最终达到的均衡状态则是，自身的需求与劳动辛苦程度之间的均衡，而非投入与产出之间的均衡。后续研究中，美国经济学家詹姆斯（James C. Scott）进一步认为，出于强烈的生存愿望，农户在生产经营决策时往往不会冒险追求生产收益的最大化，而是更注重风险规避。此外，也有观点认为，恰亚诺夫的理论假说是基于特定的社会关系而提出的，而自然状态下自给自足的小农户往往存在于资本主义市场出现之前，在新的社会关系下这一假说应有所改进。

（3）历史学派。该学派的代表人物是加利福尼亚大学洛杉矶分校历史系教授黄宗智。历史学派运用“内卷化”这一概念刻画了中国小农户的行为逻辑，该学派认为，由于对边际报酬存在认识缺陷，即便是在劳动边际报酬已经非常低的情况下，小农户为了获得更高的生产总量，仍然会继续投入大量的劳动（黄宗智，1986）。这主要是因为，中国农村居民所拥有的耕地面积非常有限，与此同时，家庭劳动力又出现了严重的剩余，加之农村非农就业机会相当匮乏，从而导致劳动力的机会成本为零。在这一情形下，中国小农户通过大量增加劳动力投入来提升农业产出是可以理解的，因为他们所追求的最大化目标，更多的是产出的最大化。因此，历史学派认为，中国小农户既不是舒尔茨眼中的“理性小农”，也不是恰亚诺夫眼中的“生计小农”。在后续的研究中，埃利斯（Frank Ellis）进一步将农户经济理性假定为“有条件”的最大化，其行为特点则是部分参与不成熟的投入要素和产出市场（Ellis，1993）。

从我国现实情况来看，一方面，随着我国农产品产量的逐年增加（粮食产量甚至实现了“十二连增”），以及近四十年来市场经济的快速发展，农村居民的物质生活逐渐丰富，其从事农业生产已经不再以满足家庭需要为主要目的，而更多的是以销售为首要目的。因此，伴随着农产品商品化率的不断提升，农户主动参与市场的意识也在不断提升，使“组织生产学派”关于农户的非理性假设难以立足。另一方面，随着近年来我国劳动力成本的快速提升，农村劳动力从事非农就业的意愿和机会有增无减，非农收入已经成为农村居民收入的重要组成部分（刘进等，2017）。在这一情形下，农户边际报酬意识得到加强，已然从以往劳动密集型生产方式转变为资本密集型生产方式（大量投入机械、化肥、农药等），这使“历史学派”所提及的劳动力过量投入的情形不复存在，一些地方甚至出现劳动力投入不足的情况，例如，伴随农户非农务工而产生的土地撂荒、土地流转、“空心村”和“老年村”等现象（王凌燕，2012；王鑫林，2013；陈健刚，2016）。基于上述分析，本书提出如下假定：现阶段的中国小农户，是具有完全理性的经济个体，他们在投入要素和市场风险的约束条件下，以追求收益最大化为农业生产的最终目标。

二　相关概念界定

（一）补贴政策

（1）补贴的内涵。“补贴”所表达的意思是“因不足而有所增益”，在部分语境中也被称为“贴补”。在现代汉语中，“补贴”所表达的意思多为“补贴的费用”（商务印书馆编辑部，1983）。在外来语中，补贴多用来表示政府通过直接或间接的方式，发放给私营企业、组织、家庭或其他部门的现金补助、经济特权或特殊优惠等，从而起到促进公益事业发展的作用。从广义上来看，补贴不仅包括现金补助，如政府为平衡社会收入分配而支付的福利费，或为促进某一类经济活动而采取的费用贴补等；同时，补贴还包括优惠政策、保障性制度等，如政府为促进某类产业的发展而实行的税费返还政策，或为缓和市场力量的影响而制定的相关制度或规划等（中国大百科全书出版社《简明不列颠百科全书》编辑部，1986）。总的来看，补贴的根本目的在于，改变现有经济活动的运行轨迹，使其向着理想的方向运行，如得到政府补贴的产业很可能会发展得比未得到政府补贴的产业更好。从一些国际规则中对于政府补贴的界定来看，如世界贸易组织（WTO）所制定的《补贴与反补贴措施协议》中对补贴进行了这样的界定："政府或任何政府机构对其管辖范围内的某个企业、产业、企业集团或多个产业等，提供的财政资助、收入支持或价格支持。"从农业补贴来看，它是国家经济发展到一定阶段，为促进工业反哺农业而进行的农业保护和扶持措施，其目的是实现工业与农业的协调发展，其主要方式是"政府针对农业生产、流通和贸易进行转移支付"。在WTO农业多边协议框架下，农业补贴又可进一步细分为"绿箱"政策和"黄箱"政策，其中"绿箱"政策是指不会明显扭曲农业产出结构和市场价格的干预措施，因而也被WTO认定为免予消减的补贴措施，如政府对农业科技、水利、环保等方面的投资等；"黄箱"政策是指能够对农业产出结构和市场价格造成明显扭曲的干预措施，因而也被WTO认定为必须消减的补贴措施，如对于农业生产要素的直接补贴、农产品出口价格补贴、休耕补贴等。从本书研究来看，针对农户采用节水灌溉技术进行补贴的目的是提高农业用水效率、改善区域环境，不会对农业产出结构和农产品市场价格造成直接影响，因而应该属于"绿箱"政策的范畴。

（2）相关概念辨析。与"补贴"含义相近的还有"补助"与"补偿"两个概念，而且在使用过程中较易混淆。具体来看：①"补助"有"增益匡助"之意，同时《汉语大词典》中也有

"对生活困难者加以周济"的意思，其与"补贴"的含义虽有很大的相似之处，但也存在细微差别。在具体应用方面，节水灌溉技术的实施成本相对较高，农户难以承担，使用"补贴"一词更能体现"因不足而有所增益"，语境更加适合，而使用"补助"一词则只能体现出"增益匡助"的意思。②"补偿"意为"弥补缺陷，抵消损失"，也有"弥补不足"的含义。在环境管理、生态经济等相关领域的表述中，"补偿"常与"生态补偿"联系在一起，是指以保护资源环境为目的的经济政策和制度安排（金京淑，2011）。此外，"生态补偿"的含义与国际上通用的"生态系统/环境服务付费"（PES）基本相同，即对生态系统服务管理者或提供者提供的补偿（任勇等，2008）。③根据我国的政策文件，2005～2009年的中央一号文件中关于节水农业建设的相关表述，使用的均是"补助"这一概念，这一时期政策支持的重点在于小型农田水利等方面的基础设施建设，而"补助"一词也更多地被用于描述上级政府与基层政府间的转移支付关系。在2010～2012年、2015～2016年的中央一号文件中，开始使用"补贴"这一概念，这一时期我国节水农业建设开始重视对于农户层面节水灌溉技术采用的支持，而"补贴"一词则多用于政府与农户间的转移支付关系。综上所述，基于对"补助""补贴""补偿"三个概念的辨析，并结合我国政策文件，最终认为本书研究中使用"补贴"这一概念更为适合。

（3）节水灌溉技术补贴。节水灌溉技术补贴属于农业补贴的范畴，是指为推进农业节水灌溉技术采用而实行的经济激励措施。由于节水灌溉技术采用能够为农户带来的直接经济收益相对有限，并且还需要农户自己承担一些额外的生产成本和风险（方国华等，2004；周建华等，2012）。因此，需要政府对农户节水灌溉技术采用行为给予一定的政策支持，这也是各国政府发展节水农业的共同经验（周芳、霍学喜，1999；王克强等，2006；李圣军，2008；刘军弟等，2012；赵姜等，2016）。实施节水灌溉技术补贴的直接目的在于促进农户节水灌溉技术采用，提高其节水灌溉用水的积极性，而根本目的则在于提高农业灌溉用水效率、缓解水资源危机、改善区域生态环境。一方面，开展节水农业建设被视为缓解水资源紧缺问题的有效措施；另一方面，农户采用节水灌溉技术对于改善严重缺水区、生态脆弱区的生态环境问题也有重要意义。以上两方面外部效益是各国政府实施补贴政策的根本动力。目前，我国已针对节水灌溉技术采取了多种形式的激励措施：①为农户购置节水灌溉技术设备提供一定的设备补贴；②由政府组织或实施的节水灌溉技术宣传、指导、培训、田间示范等；③为节约灌溉用水的农户提供一定的政府奖励；④为促进农户节水灌溉技术采用而实施的相关配套措施（如由政府出资或补助进行的基础水利设施建设、基本农田建设等）。

（二）全成本收益

全成本收益在本书研究中是指节水灌溉技术采用过程中产生的全部成本与收益。实质上，全成本收益包含了两个层面的含义：一是技术采用过程中产生的全部成本，即“全成本”；二是因技术采用可获得的全部收益，即“全收益”。

（1）“全成本”的内涵与构成。全成本并不是一个新概念，已有学者在会计记账法、水资源定价、国际贸易评估等相关研究中提出了全成本的概念。①在会计记账方面。会计成本核算方法有制造成本法、完全成本法、变动成本法、作业成本法、标准成本法、定额成本法、目标成本法、生命周期成本法等。其中，完全成本法（又称“吸纳成本法”或“吸收成本法”）是指根据产品的经济用途，把直接材料、直接人工、间接费用（包括固定制造费用和变动制造费用）全部核算于产品成本之中（高影等，2018），与本书所指的全成本具有一定的相似之处。②在水资源定价方面。俞路和姚天祥（2004）在关于水资源定价的相关研究中指出，水资源中所蕴含的价值量可以通过其生产成本来体现：一部分是不变成本，主要包括工程建设费用、辅助材料与劳动工具的购置费用等；另一部分是可变成本，主要包括劳动力投入、工程设备运行过程中消耗的动力费等。郭清斌等（2013）则进一步从全成本的视角探讨了水资源定价问题，并将水资源开发利用过程中的全成本概括为生产成本（包括初始资本投入和运行维护成本等）、机会成本和外部成本（包括经济外部性成本和环境外部性成本）。付饶等（2017）结合水资源稀缺性的特点，并在环境保护要求的基础上，将水资源的全成本定义为资源成本、工程成本和环境成本，分别对应资源水价、工程水价和环境水价。③在国际贸易方面。杨青龙（2011）认为，除了考虑劳动、资本、土地等传统要素，还应纳入制度和生态环境（包含可持续发展）等要素，进而将全成本定义为生产成本、交易成本、环境成本、代际成本等。方虹和王红霞（2014）在对中国稀土贸易的研究中将稀土出口的贸易全成本定义为生产成本（主要取决于生产技术与劳动力价格）、生态成本（主要是指未被企业内部化的生态环境损失）和交易成本（主要包括签订与履行出口合同的成本、处理争议的成本、索赔成本，以及出口关税等）三部分。从已有研究来看，在不同研究领域，全成本的内涵并不相同。同样的，在本书研究中，全成本的内涵也可能与已有研究存在出入。接下来，基于已有研究成果，并结合农户节水灌溉技术采用的特点，本书将对这一概念进行重新界定。

如表 2－1 所示，农户节水灌溉技术采用所涉及的成本可以被划分为物质成本和人工成本两个大类，其中物质成本是指因技术采用产生的物质投入（如节水设备的购置费用，以及后期使用过程中产生的电费等）；人工成本是指因技术采用产生的人工投入（如在节水设备的铺设、运行与管护等环节产生的人工投入）。

但需要说明的是，以上物质成本和人工成本并非农户节水灌溉技术采用过程中承担的全部成本。除此之外，本书研究中所指的全成本中还包括农户节水灌溉技术采用过程中产生的间接物质成本（如辅助性农用机械的折旧、燃油与维修费用等）和间接人工成本（如学习成本和交易成本等）。由于这些成本往往不是直接产生于节水灌溉技术采用的过程中，并具有不易观测的特征，因而在已有的成本界定中往往被忽略。为区别对待，且便于后文表述，本书将上述直接产生于节水灌溉技术采用过程中的成本分别定义为“直接物质成本”和“直接人工成本”，将不易观测的技术采用成本定义为“间接物质成本”和“间接人工成本”，以上四类成本共同构成了节水灌溉技术采用的“全成本”。需要进一步明确的是，这里的“直接物质成本、直接人工成本、间接物质成本、间接人工成本”与会计记账法中使用的“直接材料费、直接人工费、间接材料费、间接人工费”[①] 在划定原则上虽有相似之处，但在具体的含义上却有所不同。对于各类成本所包含的具体内容，后续将在第五章的“全成本识别”中进行更加详细的说明。

表 2－1　节水灌溉技术采用的全成本收益

成本/收益	构成	内涵
全成本	直接物质成本	因节水灌溉技术采用产生的直接物质投入，如节水设备的购置费用，以及后期使用过程中产生的电费等
	间接物质成本	因节水灌溉技术采用产生的辅助性的物质投入，如辅助性农用机械折旧费用、耕地整理费用等
	直接人工成本	因节水灌溉技术采用产生的直接人工投入，如在节水设备的铺设、运行、管护等环节产生的人工投入
	间接人工成本	因节水灌溉技术采用产生的间接人工投入，如学习成本、交易成本等

① 例如，直接人工是指直接参与产品生产的人员（如生产工人、技术员、生产的管理者等）的工资、奖金等，而间接人工则是指辅助工作人员（如后勤人员、销售人员、司机等）的工资、奖金等。

续表

成本/收益	构成	内涵
全收益	私人经济收益	农户因采用节水灌溉技术而获得的私人经济收益，如灌溉用水的节约、灌溉工时的节约、化肥农药使用量的节约、农作物产量的提升等
	外部社会生态收益	节水灌溉技术采用所带来的外部社会生态收益，如区域生态环境的改善、粮食安全水平的提升等

（2）“全收益”的内涵与构成。关于全收益，已有研究在会计记账、教育收益评估、社会福利水平测算等方面有过类似界定。①在会计记账方面。美国财务会计准则委员会（Financial Accounting Standards Board，FASB）早在1980年就提出过“全面收益”的概念，它是指在一定期间内某一业主与非业主之间因利益往来所引起的权益变动，它包括该期间内除业主投资和业主分配之外的全部权益变动（任月君，2005）。由于全面收益的概念中引入了公允价值（即全面收益等于“净收益”与“其他全面收益”之和，前者是已实现的收益，后者是尚未实现的收益），突破了传统会计收益的实现原则（只统计已经实现的收益，而不统计可能实现的潜在收益），能够在最大程度上反映经济主体的盈利能力，使其成为会计核算的主流选择。②在教育收益评估方面。郭化林（2011）在高等教育的私人收益量化研究中认为，高等教育的“完全私人收益”不仅包括货币收益，还包括非货币收益，其中非货币收益是指诸如更高的社会声望、更美满的婚姻、更高的艺术鉴赏力等。③在福利水平测算方面。赵广川等（2015）在对我国福利水平的研究中，基于Becker等（2005）提出的社会福利理论，构建了包含健康和经济两方面因素的全收益福利函数，而在以往研究中学者多关注于消费或收入水平，而很少关注健康对福利水平的影响。

根据前一节中关于“外部性理论”的相关介绍可知，农户采用节水灌溉技术是一种具有强外部性的农业生产行为，它不仅能够为农户自身带来私人经济收益（如节水、省工、节肥等，这些收益往往能够体现在农户生产经营活动之中，因而被定义为私人经济收益），还能够带来巨大的外部社会生态收益（如区域生态环境的改善、粮食安全水平的提升等，这些收益往往体现在农户生产经营活动之外，因而被定义为外部社会生态收益），如表 2-1 所示。对于各类收益具体所包含内容，后续将在第六章的“全收益识别”中做更为详细的说明。虽然节水灌溉技术采用的正外部效益能够被社会各界及相关领域研究学者认可和重视，但在技术采用收益的具体测算时，往往因缺少可行的测算方法而对其进行模糊化处理。这使得已有研究中，对于“节水灌溉技术采用能够带来的全部收益具体有多少?”这一问题尚无确切答案。本书研究为节水灌溉技术采用的全收益量化提供了可行途径，也为节水灌溉技术补偿标准的核算提供了新的视角，同时这也是本书提出并强调“全收益”这一概念的原因所在。这里，本书将节水灌溉技术采用的“全收益”定义为，因农户采用节水灌溉技术而产生的全部收益，包括私人经济收益和外部社会生态收益两部分。此外，需要进一步说明的是，虽然从农户生产经营的大视角来看，灌溉用水的节约与化肥农药使用量的减少均属于成本节约的范畴，但在本书研究中却将其界定为节水灌溉技术采用的收益，其主要原因在于：本书研究的重点是农户节水灌溉技术采用，而非其整体的生产经营情况，因此应从技术采用的视角来看待这一问题，即它们都是因技术采用而产生的增益，应记为收益类。

（3）各类成本收益的市场特性。根据不同类型成本与收益在量化难易程度上存在的差异，本书将全成本划分为“市场化成本”与“非市场化成本”，将全收益划分为“市场化收益”与“非市场化收益”，如表 2-2 所示。也就是，将易于观测且能够通过市场价格体系加以量化的成本与收益分别定义为市场化成本与市场化收益，而将不易观测或难以借助市场价格体系加以量化的成本和收益，分别定义为非市场化成本与非市场化收益。具体来看，各类成本收益的市场特性及其类别划分如下。

表 2－2 各类成本收益的市场特性

成本/收益	构成	市场特性
全成本	直接物质成本	市场化成本
	间接物质成本	非市场化成本
	直接人工成本	非市场化成本
	间接人工成本	非市场化成本
全收益	私人经济收益	市场化收益
	外部社会生态收益	非市场化收益

在成本方面，节水灌溉技术采用的直接物质成本往往是在市场上购买得到，因此可通过明确的市场价格和可观测的投入量进行测算；间接物质成本因与技术采用之外的其他农业生产活动之间往往存在一定程度上的关联性，难以通过农户调研加以区分，因此存在观测困难，不易量化；直接人工成本的测算虽有市场上的劳动力价格可以参考，但往往因为工时投入较为零散和琐碎，而容易造成较大的调研统计误差，因此也存在一定的统计困难；间接人工成本同样具有不易统计的特点，且也没有现成的市场价格体系可循，因而存在量化困难。基于上述分析，直接物质成本因具有较好的可观测性，并可借助市场价格进行测算而被界定为市场化成本，而间接物质成本、直接人工成本和间接人工成本则因市场价格缺失或可观测性不足，而被界定为非市场化成本。

在收益方面，节水灌溉技术采用所带来的私人经济收益因具有较好的可观测性，并可借助市场价格进行测算而被界定为市场化收益。例如，节水收益可通过灌溉水费的变化得以体现，省工收益则可通过与传统灌溉方式所需工时的对比及劳动力的市场价格进行测算，省肥收益可通过具体的化肥节约量及其市场价格进行测算，增产收益则可通过农作物产量的增加量及相应的市场价格进行测算。节水灌溉技术采用所带来的外部社会生态收益由于缺少市场价格体系而难以借助现行的市场价格进行测算。

这里，按照市场特性对成本收益做进一步分类的主要目的是，便于后续成本收益测算，以提高成本收益测算结果的精确性，若是市场化的成本收益，则需通过市场价格进行测算；若是非市场化的成本收益，则需通过非市场价值评估方法进行量化。在已有研究中，由于非市场化成本收益存在量化困难，因而往往被扭曲甚至忽略，或者采用其他成本收益进行代替（如以机会成本代替农户技术采用的全部成本等），从而降低了成本收益测算的准确性和有效性。在本书中，将通过对节水灌溉技术采用的“全成本收益”的界定和识别，并运用可行的非市场价值量化方法估算技术采用的非市场化成本与收益，从而为补贴标准的核算提供更为全面的价值依据。

（三）农户政策偏好

（1）偏好的内涵。偏好是经济学中的重要概念之一，是指潜藏在人们内心的一种非直观的情感和倾向，引起偏好的感性因素多于理性因素。在经济学发展史上，经济学家们为了弥补基数效用论在解释消费者行为时所面临的缺陷，建立了基于消费者“偏好”的序数效用论。随着序数效用论的快速发展，并在一些经济学分析中逐渐取代了最初的基数效用论，“偏好”也逐渐成为“效用”的现代名词（周小亮、笪贤流，2010）。美国经济学家保罗·萨缪尔森（P. Samuelson）在其1938年发表的《关于消费者行为理论的一个解释》（Samuelson，1938）一文中提出，偏好产生于潜在的不被满足的需求，而效用则是一种不易观察到的主观心理状态。萨缪尔森还进一步指出，消费者在一定价格条件下的购买行为能够显示出他们的内在偏好，并基于此提出了显示性偏好理论（Revealed Preference Theory）。因此，通过观察消费者的购买行为，我们可以推测出消费者的内在偏好。也就是说，当消费者在市场上选择了某一消费品组合时，即可推断这一组合所带来的效用将是最大的，消费者的“偏好”就这样被显示了出来。很显然，显示性偏好理论是以不同商品间存在可替代性为前提的，而消费者如果要实现效用的最大化，则需要将边际替代率（即不同商品之间相互替代的比率）作为权衡的标准。此外，显示性偏好理论借助观察实际发生的行为来推断个体（如消费者）的效用函数，从而弥补了需求理论的不足。Bowles 和 Sung - Ha（2008）进一步指出，偏好是人们实施行为的理由，它包括口味、习惯、个人情感，以及其他内心反应，同时还包括个人分析情感的方式、承诺，由社会实施的规范、心理倾向，以及与他人的情感关系等。周小亮和笪贤流（2009）则认为，偏好指导着经济主体的选择，它一部分是由经济主体的遗传基因决定，另一部分则是经济主体在特定的社会环境、文化氛围或实践活动中，通过学习而逐渐形成的一种存在于意识深处的主观与客观概念。

（2）农户政策偏好。政策偏好是偏好的一种，是认知主体对特定政策情境产生的主观倾向，在本书研究中具体指农户对节水灌溉技术补贴政策的偏好。与消费者在市场上购买消费品的行为类似，农户对不同政策情境的喜恶也能够反映其内在偏好，因此本书对农户政策偏好的揭示同样借助显示性偏好理论来实现。在前文关于偏好内涵的阐述中，萨缪尔森列举了消费者购买某一消费组合的例子，其前提假设是消费者对不同的消费品存在偏好。事实上，每个消费品都有自身的属性特征，消费者往往是基于对这些属性的比较与权衡，最终做出购买决策（万志超、王亚杰，2013）。以手机为例，其主要属性包括价格、品牌、颜色三类，不同的消费者对这三类属性的偏好敏感程度存在显著差异，因此可以根据消费者最终购买到的手机类型来推测其偏好特征。与消费品类似，不同的补贴政策情境也有其自身的属性特征，这些属性特征包括补贴标准、补贴形式、配套措施等。对于不同类型的农户，其对补贴政策的偏好可能并不相同，以技术培训这一配套措施为例，种植大户、家庭农场等新型经营主体由于自身专业化水平较高和认知能力较强，其对技术培训的需求可能相对较低，而对于一般小农户来说可能恰恰相反。本书将在第七章中，通过农户政策选择实验来揭示农户政策偏好，使农户在一定约束条件下（采用特定的节水灌溉技术），从不同的政策情境中选出他们认为最佳的补贴政策，不同的政策属性间的权衡与比较是农户做出选择的根本依据，而最终被选定的政策情境（也即政策属性的组合）则被认为是能够为其带来最大效用的补贴政策。基于此，我们能够进一步推断出，受访农户对不同政策属性的偏好程度。

三　理论分析

（一）节水灌溉技术补贴政策的基本框架

完整的补贴政策框架应包含政策的设计原则、补贴主体、补贴客体、补贴标准、实施方式等内容（如图2-2所示），是进行节水灌溉技术补贴政策分析和优化的重要参考依据（谭秋成，2009；沈满洪、高登奎，2009；李浩等，2011；包晓斌，2017）。

（1）补贴政策的设计原则。“谁受益，谁付费”（方国华等，2004；赵彦泰，2010；冯颖等，2013；段铸、刘艳，2017）是本书节水灌溉技术补贴政策设计的基本原则，这一原则的明确，有助于补贴政策主客体的确立，以及补贴政策设计整体思路的完善。与此同时，补贴政策设计还要遵循公平性原则、效率原则、科学性原则、灵活性原则等（李莹，2016）。首先，公平性是农户与受益群体间分配节水灌溉技术采用效益的标尺，过高的政府补贴将会损害受益群体的利益，进而影响政策的持续性，而过低

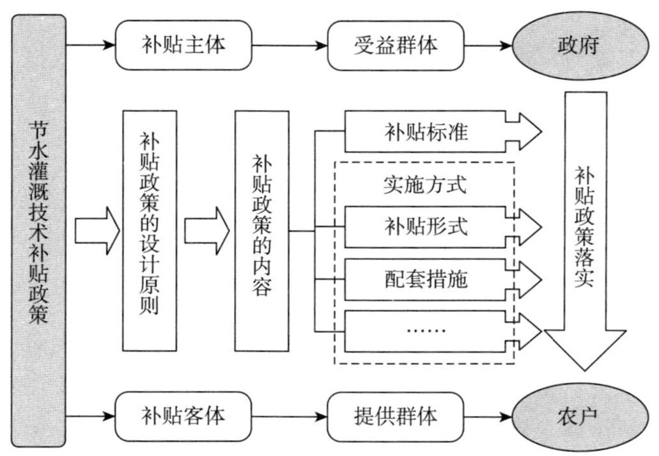

图 2-2　节水灌溉技术补贴政策框架

的政府补贴则会损害农户的利益，进而导致补贴政策激励效果不足，只有公平性原则得到体现，补贴政策才能高效运行；其次，效率原则是保障补贴资金得以高效利用的关键，同时也是政府支出最小化与政策效果最大化的直接体现；再次，补贴政策的设计还要有坚实的理论基础和科学依据，以确保分析结果的准确性，从而保障政策设计的合理性和科学性；最后，因个体差异与区域差异的存在，补贴政策的作用对象可能具有一定程度的异质性，因此技术补贴在实际执行过程中不宜采取“一刀切”的方式，而应根据政策实施环境和特定的作用对象，设计更具针对性的补贴方案，这是补贴政策灵活性的体现，也是提升政策实施效果的有力保障。

（2）补贴政策的主客体。基于前文分析，农户节水灌溉技术采用行为具有明显的正外部性特征，这里我们将技术采用的外部效益视为“社会生态产品”，将农户视为社会生态产品的“提供群体”，而将能够享受到社会生态产品的社会大众视为“受益群体”。结合“谁受益，谁付费”的补贴原则，节水灌溉技术采用的受益群体应作为“补贴主体”，并为享有社会生态产品支付一定的费用，这些费用则是补贴政策资金的最初来源。相应地，节水灌溉技术补贴政策最终离不开农户的参与，他们也因提供了社会生态产品而应作为“补贴客体”，并获得相应的节水灌溉技术采用补贴。关于节水灌溉技术补贴政策研究中的主客体，需要进一步说明的是（如图2－3所示）：首先，补贴主体是社会大众，其中不仅包括城镇居民，同时也包括农村居民，这里农户可能既是社会生态产品的提供者，又是社会生态产品的受益者（因为社会生态环境的改善，同样能够使其自身受益）；其次，由于市场机制的缺失，受益群体作为社会生态产品的“消费者”，不能像购买普通商品一样购买社会生态产品，而政府在区域发展中发挥着重要的宏观调控作用，可代表受益群体通过对农户进行补贴来实现这一购买行为，因此在政策执行中，政府往往被视为受益群体的利益代表，并作为补贴主体出现；最后，政府作为受益群体的利益代表，其补贴资金的来源并非直接向受益群体收取费用获得，而更多的是间接地通过征收环保税收、物价调控、标准制定等多种形式，最终反映到受益群体的家庭生活成本上。

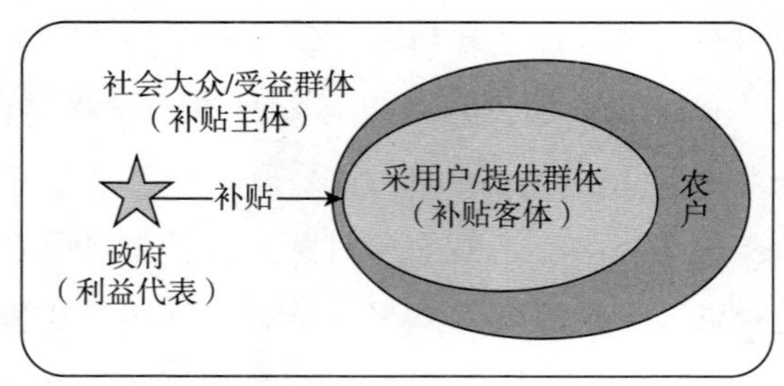

图2－3　节水灌溉技术补贴政策研究中的行为主体

（3）补贴标准与政策实施方式。补贴政策的具体内容包括补贴标准、补贴形式以及相关的配套措施等。不难看出，补贴标准关注的是应该补贴多少的问题，而补贴形式与配套措施等关注的则是补贴政策应该如何实施的问题，也就是补贴政策的实施方式。这里需要说明的是，本书所指的“补贴政策实施方式”与以往研究中所指的“补贴方式”在含义上有所不同，后者在已有研究中更多的是指补贴发放的具体形式，如以资金、技术、智力等形式，而前者在本书中则与补贴政策的具体实施有关，不仅包括补贴的形式，还包括配套措施、技术指导等一系列内容，因此实施方式所涵盖的内容要更加宽泛。其中，补贴标准是补贴政策研究的核心问题和难点问题（李莹，2016；李磊，2016；范明明、李文军，2017）。合理的补贴标准是补贴政策科学性与有效性的体现，同时也是保障补贴政策实施可持续性的关键。补贴形式是指政府实施补贴的具体形式，目前来看，常用的补贴形式有实物性质的补贴（如技术设备等）、资金性质的补贴（如政府对节水灌溉工程建设与维护的直接投资或提供的贴息贷款等）、智力性质的补贴（如技术培训、示范、信息支持等）、其他性质的补贴（如对有突出贡献的节水者进行颁奖或宣传报道等）等（洪尚群等，2001；褚琳琳等，2008；刘桂环等，2010；金京淑，2011）。由于不同的形式的补贴对农户技术采用的影响效果不同，因此选择适当的补贴形式将有助于补贴政策实施效果的发挥。此外，补贴政策在具体实施过程中也需要一些相关政策措施的配合，如耕地整理扶持项目、土地流转政策等，这些配套措施通过改善节水灌溉技术采用的客观条件（如耕地的规模、质量等），将有助于最大化补贴政策的实施效果，因而也应该被纳入补贴政策设计的考虑范围之内。

（二）节水灌溉技术补贴政策的作用机理

前一小节阐述了节水灌溉技术补贴政策的基本框架，明确了补贴政策所包含的基本要素。那么，节水灌溉技术补贴政策具体是如何发挥作用的呢？结合生态补偿机制方面的相关研究，本书描绘了如图2-4所示的节水灌溉技术补贴机制的作用机理。具体来看，节水灌溉技术补贴政策实施过程中包含两大行为主体：

"政府"与"农户"。其中，政府作为社会大众的利益代表，假定其实施补贴政策的目的是"社会收益最大化"，而农户作为理性人，其生产行为的目标则是"自身种植收益的最大化"，两者的利益最大化目标并不匹配。假设在没有节水灌溉技术补贴政策的情况下，农户可能会因为节水灌溉技术采用的成本过高而缺乏技术采用的积极性，受益群体则会因为市场机制不健全而无法购买到理想的社会生态产品。节水灌溉技术补贴政策的制定，正是为了弥补市场机制在调节上述公共产品供给中的失灵，它通过相关的制度安排将节水灌溉技术采用的一部分社会生态收益转化为对农户个体的技术采用补贴，从而改善了其原有的收益预期，激励其更多地采用节水灌溉技术。实质上，补贴政策的存在，使得节水灌溉技术采用收益在"受益群体"与"提供群体"之间形成了利益反馈机制，而反馈机制所起到的作用则是通过外部收益内部化这一过程体现出来。需要说明的是，节水灌溉技术采用能够带来的直接影响包括节约灌溉用水、提高化肥利用率、减少化肥施用量、改善灌溉条件、提升农作物品质等方面，这些直接影响不

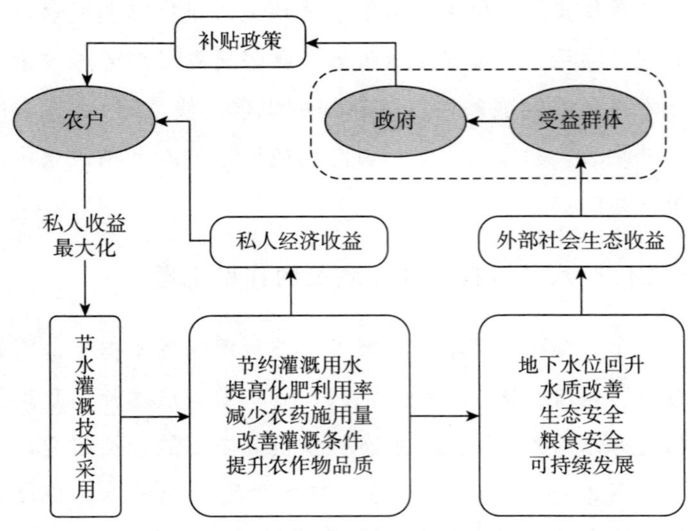

图 2-4　节水灌溉技术补贴政策的作用机理

仅能够带来地下水位回升、水质改善、生态安全、粮食安全、可持续发展等方面的外部社会生态收益，同时也能够为农户带来一部分私人经济收益。因此，在后文补贴标准的核算过程中，为保证补贴标准的科学性与合理性，两部分收益均应被纳入核算范围之内。

（三）全成本收益视角的节水灌溉技术补贴标准核算方法

基于 Pagiola 和 Platais 于 2007 年提出的生态保护补偿标准核算原则，本书将分别从成本和收益两个视角对节水灌溉技术的补贴标准进行核算。在具体核算过程中，之所以称为“全成本收益”的视角，主要是因为本书研究纳入了非市场化的成本与收益。因此，相较于以往研究，本书对节水灌溉技术采用成本收益的考量更为全面。此外，由于后文全成本收益测算均是从市场与非市场两个方面进行的（即最后的测算结果以市场化和非市场化的成本收益来呈现），因此，为便于计算公式的理解和后续应用，以下公式的最终形式也均以市场化与非市场化的成本收益来展现。

根据前文关于全成本收益的概念界定，节水灌溉技术采用的全成本 C_{full} 包括直接物质成本 C_{dm}、间接物质成本 C_{im}、直接人工成本 C_{il}、间接人工成本 C_{dl} 四部分，当然也可以按照成本的市场特性将其划分为市场化成本 C_{market} 和非市场化成本 $C_{non-market}$ 两部分，其中市场化成本等于直接物质成本，非市场化成本则为间接物质成本、直接人工成本与间接人工成本之和，如公式（2－3）、公式（2－4）、公式（2－5）所示：

$$C_{full} = C_{dm} + C_{im} + C_{dl} + C_{il} = C_{market} + C_{non-market} \tag{2-3}$$

$$C_{dm} = C_{market} \tag{2-4}$$

$$C_{im} + C_{dl} + C_{il} = C_{non-market} \tag{2-5}$$

同样的，节水灌溉技术采用的全收益 R_{full} 包括私人经济收益 $R_{private}$ 和外部社会生态收益 $R_{external}$ 两部分，当然也可以按照收益的市场特性将其划分为市场化收益 R_{market} 和非市场化收益 $R_{non-market}$ 两部分，其中市场化收益等于私人经济收益，非市场化收益等于外部社会生态收益，如公式（2－6）、公式（2－7）、公式（2－8）所示：

$$R_{full} = R_{private} + R_{external} = R_{market} + R_{non-market} \tag{2-6}$$

$$R_{private} = R_{market} \tag{2-7}$$

$$R_{external} = R_{non-market} \tag{2-8}$$

为便于后文叙述，这里进一步引入了“私人净收益” R_{net} 的概念，即农户因采用节水灌溉技术而获得的净收益，其在数值上等于农户采用节水灌溉技术的私人收益与私人成本之差。基于理性人假设和农户从事农业生产的私人收益最大化原则，私人净收益往往被视为农户采用节水灌溉技术的直接动力，即只有当采用特定节水灌溉技术所能获得的预期私人净收益大于等于零时，理性农户才会采用相应的节水灌溉技术。由前文关于“全成本”的概念界定可知，节水灌溉技术采用的物质成本和人工成本均属于农户的私人成本，因此农户采用节水灌溉技术所能获得的私人净收益可进行如下表示：

$$\begin{aligned} R_{net} &= R_{private} - C_{full} \\ &= R_{private} - (C_{dm} + C_{im} + C_{dl} + C_{il}) \\ &= R_{market} - (C_{market} + C_{non-market}) \end{aligned} \tag{2-9}$$

（1）成本视角的补贴标准下限核算。基于成本视角核算补贴标准的目的是，通过补贴来弥补农户因技术采用而产生的损失，以确保节水灌溉技术采用行为的实施，最终不会导致农户自身利益受损。因此，这一标准也是能够调动农户节水灌溉技术采用积极性的“补贴标准下限”。在未知农户采用节水灌溉技术是否能够为其带来正的私人净收益时，补贴标准的核算可能有以下两种情况：①当节水灌溉技术采用私人净收益大于零时，农户很可能会自发采用节水灌溉技术，因此无须进行补贴，而相应的补贴标准下限也将等于零；②当节水灌溉技术采用的私人净收益小于等于零时，农户需要在补贴的激励下才会采用节水灌溉技术，相应补贴标准下限应为农户节水灌溉技术采用的全成本与私人经济收益之差，也即为私人净收益的绝对值。基于此，成本视角的补贴标准下限 S_{min} 可进行如下表示：

$$
\begin{aligned}
S_{min} &= \begin{cases} 0; & \text{if } R_{net} > 0 \\ C_{full} - R_{private} = |R_{net}|; & \text{if } R_{net} \leqslant 0 \end{cases} \\
&= \begin{cases} 0; & \text{if } R_{net} > 0 \\ (C_{market} + C_{non-market}) - R_{market}; & \text{if } R_{net} \leqslant 0 \end{cases}
\end{aligned}
\qquad (2-10)
$$

（2）收益视角的补贴标准上限核算。基于收益视角核算补贴标准的目的是更好地体现公平性，通过技术补贴使农户能够更多地分享到节水灌溉技术采用的外部效益，因此这一补贴标准也是理论上农户能够获得的“补贴标准上限”。在这一核算原则下，补贴标准上限 S_{max} 应该等于农户节水灌溉技术采用所带来的全部的外部效益，如公式（2-11）所示。需要对上述公式进行说明的是，基于收益视角核算补贴标准时，不应该再考虑节水灌溉技术采用能够为农户带来多少私人净收益。也就是说，即便农户采用节水灌溉技术的私人净收益为正（即农户在没有补贴的情况下也会自发地采用节水灌溉技术），但从公平的角度出发，也应该将全部的外部效益作为补偿金。我们可以这样理解这一问题：节水灌溉技术采用的受益者是社会上的所有个体，而技术补贴本质上则是源于社会整体对技术外部效益的需求（即为了更多地获取节水灌溉技术采用的外部效益，我们实施了技术补贴措施），因此可以将社会整体视为外部效益的购买者，与消费者在市场上购买商品的情况类似，当发生购买行为时，消费者考虑的只是目标商品能够为其带来多少效用，而不用（也不会去）考虑目标商品（在其生产过程中）能够为它的生产者带来多少效用（假如，生产目标商品的过程对于它的生产者来说也是一种享受）。

$$S_{\max} = R_{external} = R_{non-market} \quad (2-11)$$

如上所述，本书最终核算得到的补贴标准将是一个由“补贴标准下限”和“补贴标准上限”组成的分布范围，而非某一确定的数值。在这一分布范围的基础上，本书将结合研究区域实际情况，以及特定节水灌溉技术的类型和特点，做进一步的分析与论证，进而给出补贴标准调整的可能方向。

（四）纳入农户偏好的节水灌溉技术补贴政策实施方式设计思路

基于张宇（2012）构建的融入公共利益协商对话的公共政策制定的微观流程，本书提出了纳入农户偏好的节水灌溉技术补贴政策设计思路，如图2－5所示。传统的“自上而下”的政策设计思路可以概括如下：首先，由实施节水灌溉技术的受益群体提出政策诉求；其次，由政策制定者经过社会问题确认、政策目标确定、政策议程建立、备选方案提出、政策方案评估、政策方案确立等一系列环节的操作，最终形成可执行的政策产品（即节水灌溉技术补贴政策）；最后，交由政策执行部门实施，对采用节水灌溉技术的农户进行补贴。与之不同的是，本书将农户政策偏好纳入补贴政策设计流程之中，增加了“农户偏好调查”这一环节，以期借助民意调查、座谈会、听证会等形式获取农户对补贴政策的偏好情况，并在政策设计过程中予以采纳，从而使最终节水灌溉技术补贴政策的实施方式能够体现农户偏好，进而有助于补贴政策实施效果的提升。

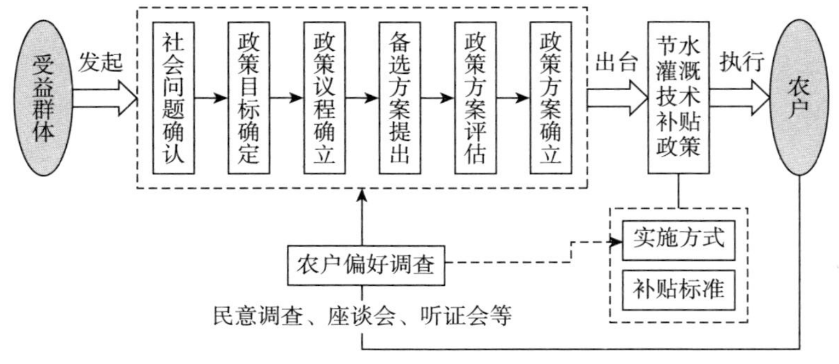

图2－5　补贴政策设计流程

四　总体研究框架

前述分析表明，补贴政策通过建立利益反馈机制将农户节水灌溉技术采用的外部效益内部化，从而激励农户节水灌溉技术采用行为。但在实践中，科学合理的节水灌溉技术补贴政策设计仍然需要解决以下几方面问题：①我国节水灌溉技术补贴政策经历了怎样的发展历程？未来发展趋势是什么？现行补贴政策存在哪些问题？是由哪些原因造成的？这些问题的明确将有助于未来补贴政策调整的方向和目标。②虽然理论分析表明补贴政策能够激励农户节水灌溉技术采用行为，但实际情况是否真的如此？在激励作用存在的情况下，现行补贴政策的激励效果如何？③由“全成本收益”的概念界定可知，节水灌溉技术采用不仅能够带来市场化的成本收益，同时也能够带来不易测算的非市场化的成本收益。而且，在进一步的补贴标准核算方法部分，我们探讨了将节水灌溉技术采用的全成本收益纳入补贴标准核算之中的重要性。那么，节水灌溉技术采用所带来的全成本收益是多少？尤其是在非市场化的成本与收益方面，应该如何对它们进行量化？纳入这些非市场化成本收益的补贴标准又将是多少？④如前所示，节水灌溉技术补贴政策不仅包括补贴标准，同时也包括补贴形式以及相应的配套措施等政策实施方式方面的重要内容。那么，农户对补贴政策的具体实施方式是否有自己的偏好？应该如何进行揭示？以及在考虑农户偏好的情况下，现行补贴政策应该做出哪些调整？基于此，本书设计了包含如下几个模块的研究方案，具体研究方案设计如下。

模块一：理论准备与总体研究方案的设计，对应前文第一个研究内容，也是本书第一、第二章的部分内容。具体来看，该模块主要包括以下几点：一是，在系统整理国内外相关研究的基础上，从公共产品理论、外部性理论、成本收益理论、农户行为理论出发，分析节水灌溉技术采用的公共物品特性、外部性特征、成本收益特征及农户技术采用行为特征等，进而运用概念分析法对本书研究中涉及的“补贴政策”“全成本收益”“农户政策偏好”等相关概念的内涵与外延进行界定；二是，基于上述理论分析与相关概念界定，在明确补贴原则、主客体、补贴标准、实施方式等基本要素的基础上，构建节水灌溉技术补贴政策的基本框架，并进一步阐述补贴政策的作用机理，明确全成本收益视角的补贴标准核算方法和农户偏好视角的补贴政策设计与优化思路；三是，基于以上理论准备与分析，明确下一阶段需要解决的问题（如“补多少”“怎么补”等），进而设计更具针对性的总体研究框架。

模块二：节水灌溉技术补贴政策的发展历程与实践问题分析，对应前文第二个研究内容，也就是本书的第三个章节。具体来看，该模块主要包括以下几点：一是，通过对我国节水农业建设方面的相关政策进行收集与整理，运用历史研究法探析我国节水灌溉技术补贴政策的发展阶段与政策现状，进而把握补贴政策的未来发展趋势；二是，对现行补贴政策的实施现状、公平性、合理性、可持续性与激励效果等做出评价，进而明确现行补贴政策在补贴标准、实施方式及其他相关措施方面存在的问题，并在此基础上剖析其深层次原因，从而明确后续补贴政策的优化目标。

模块三：现行补贴政策对农户节水灌溉技术采用的激励效果分析，主要是回答“补贴是否有效”这一问题，对应前文第三个研究内容，也是本书的第四章。具体来看，该模块主要包括以下几点内容：一是，基于农户行为理论分析农户节水灌溉技术采用行为过程，以及补贴政策在这一行为过程中产生的影响，并在此基础上提出相应的研究假设；二是，采用李克特五级量表设计调研问卷，收集农户政策认知、技术认知与技术采用意愿等方面的数据；三是，运用SEM模型实证检验补贴政策对农户节水灌溉技术采用的影响路径及程度，进而探讨现行补贴政策对农户技术采用行为的激励效果。

模块四：获取节水灌溉技术补贴政策优化的实证依据，对应前文第四、第五、第六个研究内容，也就是本书的第五至第七章。具体来看，该模块主要包括以下三部分。第一部分，主要是回答节水灌溉技术采用的“全成本是多少”这一问题。首先，在前文概念界定的基础上识别农户采用特定节水灌溉技术过程中产生的市场化成本和非市场化成本；进而，收集相关的市场价格信息，并分别测算各类市场化成本的数值；其次，结合开放式引导技术和支付卡式引导技术设计适用于农户调查的CVM调研问卷，收集农户对于节水灌溉技术采用非市场化成本的受偿意愿（WTA）数据，并运用PID模型进行估计，进而量化非市场化成本的数值。第二部分，主要是回答节水灌溉技术采用的“全收益是多少”这一问题。首先，同样是在前文概念界定的基础上，识别农户采用特定节水灌溉技术所能带来的市场化收益和非市场化收益，进而，结合市场价格信息测算技术采用在增产、节水、省工、省肥等方面的市场化收益；其次，结合焦点小组访谈、预调研、相关领域专家咨询及历史数据资料收集，探明节水灌溉技术采用与区域社会生态环境变化之间的对应关系，构建非市场化收益（外部社会生态收益）评估的指标体系，并进一步借助正交试验法设计CE调研问卷，收集研究区域内居民（受益群体）对节水灌溉技术采用外部效益的支付意愿（WTP）数据，并运用RPL模型估计受访据居民效用函数，从而量化技术采用的非市场化收益。第三部分，主要是回答农户对节水灌溉技术补贴政策的实施方式"具有怎样的偏好"这一问题。首先，在识别节水灌溉技术补贴政策属性的基础上，结合焦点小组访谈、预调研与专家咨询构建补贴政策的属性指标体系；其次，采用正交试验法设计用于模拟农户政策参与的实验问卷（由关键政策属性及其不同水平值构成的补贴政策情境，分别代表不同的政策实施方式），并借助适当的形象化处理使之更加适合农户调研；最后，通过农户政策参与模拟，收集农户对补贴政策的偏好信息，并运用RPL模型估计揭示农户对不同政策属性的偏好程度。

模块五：节水灌溉技术补贴政策的优化与建议，对应前文第七个研究内容，也就是本书的第八章内容。具体来看，该模块主要包括以下三方面内容：一是，基于全成本收益的测算结果，分别核算节水灌溉技术的补贴标准下限和上限，并以此为依据，结合研究区域现行补贴标准，提出具体可行的调整方案，从而回答"应该补贴多少"这一问题；二是，基于农户政策偏好的实证分析结果，提出针对现行补贴政策实施方式的优化方案，从而回答"应该怎么补"这一问题；三是，结合研究区域自然地理环境和社会经济发展状况，围绕经济社会生态可持续发展的现实需求与实现农业发展的可持续性等目标，针对机制构建、保障措施完善、研发宣传等其他相关措施提出具体可行的优化建议。总体研究框架见图2－6。

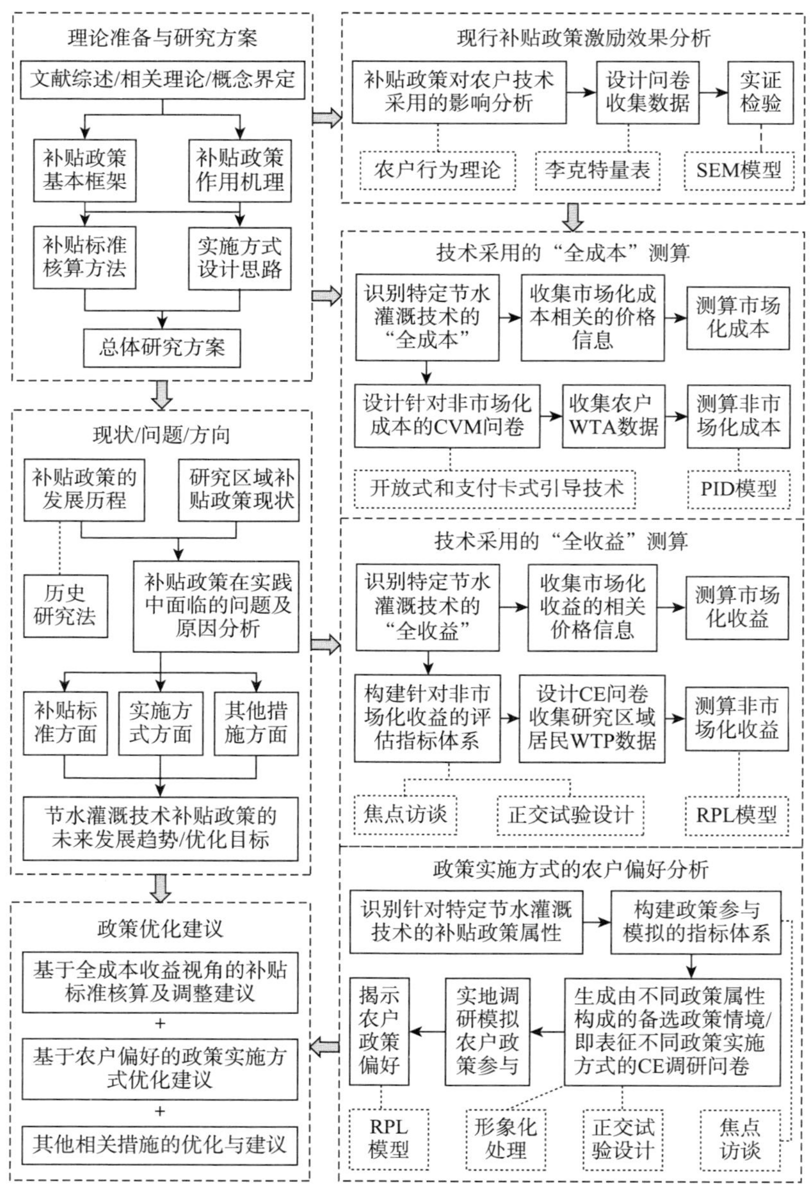
理论准备与研究方案
文献综述/相关理论/概念界定
补贴政策基本框架
补贴政策作用机理
补贴标准核算方法
实施方式设计思路
总体研究方案
现状/问题/方向
补贴政策的发展历程
研究区域补贴政策现状
历史研究法
补贴政策在实践中面临的问题及原因分析
补贴标准方面
实施方式方面
其他措施方面
节水灌溉技术补贴政策的未来发展趋势/优化目标
政策优化建议
基于全成本收益视角的补贴标准核算及调整建议
+
基于农户偏好的政策实施方式优化建议
+
其他相关措施的优化与建议
现行补贴政策激励效果分析
补贴政策对农户技术采用的影响分析
设计问卷收集数据
实证检验
农户行为理论
李克特量表
SEM模型
技术采用的“全成本”测算
识别特定节水灌溉技术的“全成本”
收集市场化成本相关的价格信息
测算市场化成本
设计针对非市场化成本的CVM问卷
收集农户WTA数据
测算非市场化成本
开放式和支付卡式引导技术
PID模型
技术采用的“全收益”测算
识别特定节水灌溉技术的“全收益”
收集市场化收益的相关价格信息
测算市场化收益
构建针对非市场化收益的评估指标体系
设计CE问卷收集研究区域居民WTP数据
测算非市场化收益
焦点访谈
正交试验设计
RPL模型
政策实施方式的农户偏好分析
识别针对特定节水灌溉技术的补贴政策属性
构建政策参与模拟的指标体系
生成由不同政策属性构成的备选政策情境/即表征不同政策实施方式的CE调研问卷
实地调研模拟农户政策参与
揭示农户政策偏好
RPL模型
形象化处理
正交试验设计
焦点访谈

图 2-6　总体研究框架

五　本章小结

本章研究的主要内容是理论基础的准备、相关概念的界定、理论分析及总体研究框架的搭建，具体包括：一是，通过对外部性理论、公共产品理论、成本收益理论、效用理论、农户行为理论等进行系统梳理，并能结合本书研究内容进行拓展性的探讨，从而为后续研究奠定了理论基础；二是，在上述理论准备的基础上，对本书政策研究的核心关键词“补贴政策”“全成本收益”“农户政策偏好”进行了概念界定，阐述了每个核心概念的内涵与外延；三是，在理论分析方面，提出了节水灌溉技术补贴政策的基本框架，从理论上阐述了补贴政策的作用机理，明确了全成本收益视角的补贴标准的核算方法，以及纳入农户偏好的补贴政策实施方式的设计与优化思路；四是，基于上述分析，提出了本书节水灌溉技术补贴政策研究的总体框架，并对研究框架中不同研究模块所要解决的问题，不同模块之间的逻辑关系，以及解决各模块问题的具体思路和方法进行了详细阐述。

第三章 节水灌溉技术补贴政策的发展与实践

20 世纪 90 年代，我国每年约有 3 亿亩农田受到干旱风险的冲击，全国半数以上的城市面临水资源危机，干旱缺水、水资源短缺问题日益突出。这使中央政府认识到，解决农业缺水问题的根本出路是大力推广节水灌溉技术和在全国范围内节约农业灌溉用水。1998 年 10 月，十五届三中全会明确提出，大力发展节水农业，并要求各部门把推广节水灌溉作为一项“革命性”的措施来抓，力求大幅提升灌溉水资源的有效利用率。发展节水农业，就是要改变传统的灌溉方式，在保证作物最佳生长需要的情况下，尽可能地减少灌溉用水量。十五届三中全会的相关提议，凸显了我国发展节水农业和推广节水灌溉技术的重要性、必要性和紧迫性，同时也开启了我国节水农业建设与节水灌溉技术补贴政策的先河。本章研究的主要目的是梳理近 20 年来我国节水灌溉技术补贴政策的发展情况，明确其未来发展趋势，并在此基础上剖析现行节水灌溉技术补贴政策在实践中面临的问题，从而为后续政策优化的相关研究明确方向。

一　节水灌溉技术补贴政策的发展阶段与趋势

回顾近 20 年来相关政策文件可以看出，我国日益重视农业节水事业的发展，对农田水利基础设施建设与农户节水设备购置的财政支持力度也在逐年增加。按照历史研究法的分析逻辑，通过对不同时期补贴政策的细致梳理，以实施范围、预期目标等为阶段划分依据，我国节水灌溉技术补贴政策大致经历了从无到有、从模糊到具体的发展过程，具体可划分为以下四个不同阶段：探索阶段（20 世纪 90 年代至 2005 年）、起步阶段（2006～2009 年）、推广阶段（2010～2014 年）与完善阶段（2015 年至今）。具体如下。

（一）探索阶段

2004 年，“节水灌溉”一词首次在中央一号文件中出现，并与农村水电、乡村道路、农村沼气、草场围栏、人畜饮水并称为“六小工程”。同时，2004 年的中央一号文件还要求，加大针对“六小工程”的投资规模，扩大建设范围，充实建设内容。2005 年的中央一号文件则进一步提出，加快实施以节水改造为重点内容的大型灌区续建配套，从 2005 年起，在部分地区开展针对农民购买节水设备的补助试点。上述文件细化和明确了我国节水农业建设的两方面具体内容：一是大型灌区的基础水利设施的节水改造，二是农户层面的节水灌溉技术采用。同时，文件中首次提出对农民购置节水设备进行“补助”，这是我国节水灌溉技术补贴政策的起点，也拉开了相关理论研究的序幕。2005 年 10 月，国家发展改革委、财政部、水利部、农业部、国土资源部联合印发的《关于建立农田水利建设新机制的意见》中要求财政部门成立针对小型农田水利设施建设补助的专项资金，并逐步增加资金规模，从而加大对农民兴修小型农田水利设施的补助力度，形成农田水利建设的新机制。同年 12 月，国务院农村税费改革工作小组印发的《关于规范和引导农民对直接受益的小型农田水利设施建设投工投劳有关政策的意见》中也指出：逐步建立引导农民投工投劳建设小型农田水利设施的激励机制，要按照统筹城乡发展的要求，进一步明确各级政府对小型农田水利设施建设的投入责任。可以看出，20 世纪 90 年代到 2005 年这一时期，我国开始认识到发展节水农业的重要性与紧迫性，节水农业建设的相关激励机制设计，主要围绕灌区农田水利基础设施建设展开，而田间节水灌溉技术补贴政策尚处于小范围的探索阶段。

（二）起步阶段

2006 年，中央一号文件开始加大对田间节水工程和技术的重视程度，并要求，在完成对重大水利工程的建设和改造的同时，还要不断加强对于农田水利的投资和建设，一是要配套建设田间节水工程，二是要大力推广节水灌溉技术。2007 年，中央一号文件中则进一步明确提出，要积极研发和推广各类资源节约型农业技术，以提高投入要素的利用效率，并要求大力普及节水灌溉技术采用，启动旱作节水农业示范工程。2006 年、2007 年，中央一号文件中分别使用了“节水技术”与“节水灌溉技术”，这是田间节水灌溉技术首次出现在一号文件中。2008 年，中央一号文件中提出，要大幅提升中央和省级针对小型农田水利工程建设补助的专项资金，并要求将大中型灌区末级渠系改造和小型排涝设施建设纳入补助范围。同时，文件还指出，要搞好农田节水灌溉示范，引导农民积极采用节水设备和技术。2009 年，中央一号文件进一步提出，推广高效节水灌溉技术，因地制宜修建小微型抗旱水源工程。可以看出，2006～2009 年这一时期，我国节水农业建设的工作重点，开始从重大水利工程的节水改造，向灌区末级渠系的节水改造转变。与此同时，田间高效节水灌溉技术的推广开始受到重视，而相应的补贴政策也开始进入起步阶段。

（三）推广阶段

2010 年，中央一号文件提出，完善农业补贴制度和市场调控机制，提高针对农机具购置的补贴力度，进一步扩大补贴的种类和范围，并将节水机械设备纳入其中。同时，为确保补贴政策能够落到实处，该年一号文件还进一步明确要求，加强对农业补贴对象、补贴种类、补贴资金结算的监督检查力度。这是田间节水机械设备首次被纳入农机具购置补贴的范围之内，意味着我国正式开始对农户节水灌溉技术采用进行补贴。2011 年，为推进农业节水灌溉事业的发展，中央一号文件更加明确地提出，大力推广渠道防渗、管道输水、喷灌滴灌等节水技术，并扩大节水、抗旱设备的补贴范围；建设节水示范工程，普及农业高效节水技术；把水利纳入公益性宣传范围，加大宣传力度，提高全民水患意识、节水意识和水资源保护意识，动员全社会的力量参与水利建设，从而为水利又好又快发展营造良好的舆论氛围。2011 年 3 月，第十一届全国人民代表大会第四次会议批准的《中华人民共和国国民经济和社会发展第十二个五年规划纲要》中明确提出，要实行最严格的水资源管理制度，建设节水型社会，严格落实水资源保护政策，加强用水总量控制与定额管理，加快制定江河流域水量分配方案，进一步完善水权制度建设。同时，为推进农业节水增效，“十二五”规划纲要还提出，推广普及膜下滴灌等高效节水灌溉技术，实现新增高效节水灌溉面积 5000 万亩，并加大对于旱作农业示范基地建设的支持力度。同年 6 月，国务院办公厅印发的《关于开展 2011 年全国粮食稳定增产行动的意见》中提出，通过项目带动、节水设备购置补贴、贷款贴息等方式，鼓励和引导农民因地制宜使用喷灌、滴灌等高效节水灌溉技术，从而带动农业节水灌溉的发展。2012 年，为进一步完善针对节水灌溉设备的税收优惠政策，中央一号文件明确提出，大力推广高效节水灌溉新技术与新型节水设备，并扩大对于农业节水的设备购置补贴范围和贷款贴息规模。2012 年 11 月，国务院办公厅印发的《国家农业节水纲要（2012—2020 年）》明确了我国 2020

年所要完成的节水农业建设目标：基本完成大型灌区、重点中型灌区的续建配套与节水改造和大中型灌排泵站的更新改造，完成对于农业大县的小型农田水利重点县建设的基本覆盖；全国农田有效灌溉面积达到10亿亩，新增节水灌溉工程面积3亿亩，其中新增高效节水灌溉工程面积在1.5亿亩以上；全国农业用水量基本稳定，农田灌溉水有效利用系数在0.55以上；全国旱作节水农业技术推广面积在5亿亩以上，高效用水技术覆盖率在50%以上。此后，2013年、2014年，中央一号文件中对田间节水灌溉技术也均有关注。可以看出，2010~2014年这一时期，我国节水农业建设制定了具体可行的目标（如新增节水灌溉工程的面积、农田灌溉水有效利用系数等）。在此期间，田间节水设备被正式纳入农机具购置补贴的范围之内，具体化的高效节水灌溉技术（如管道输水、喷灌、滴灌、微灌等）也被提上了议程，并开始寻求切实可行的节水灌溉技术补贴实施方案，相应的补贴政策也开始进入推广阶段。

（四）完善阶段

2015年的中央一号文件，以及国务院办公厅于2015年8月印发的《关于加快转变农业发展方式的意见》中则更进一步提出，全面实施区域规模化高效节水灌溉行动，建立农业用水精准补贴制度和节水激励机制。2016年，中央一号文件再次强调了2012年《国家农业节水纲要（2012—2020年）》中提出的节水农业建设目标，到2020年我国农田有效灌溉面积要在10亿亩以上，农田灌溉水有效利用系数则要提高到0.55以上，同时也提出，建立节水奖励和精准补贴机制，提高农业用水效率。2016年10月，国务院印发的《全国农业现代化规划（2016—2020年）》中提出：在粮食主产区、生态环境脆弱区、水资源开发过度区等重点地区加快实施田间高效节水灌溉工程，完善雨水集蓄利用等设施；推进农业水价综合改革，建立节水奖励和精准补贴机制，增强农民节水意识。2017 年中央一号文件进一步强调：把农业节水作为方向性、战略性大事来抓，加快完善国家支持农业节水政策体系；大力实施区域规模化高效节水灌溉行动，集中建成一批高效节水灌溉工程；加快开发种类齐全、系列配套、性能可靠的节水灌溉技术和产品，大力普及喷灌、滴灌等高效节水灌溉技术，加大水肥一体化等农艺节水的推广力度。同时，2017 年中央一号文件中还明确要求，进一步提高农业补贴政策的指向性和精准性。2017 年 5 月，国家发展改革委和水利部联合发布的《全国大中型灌区续建配套节水改造实施方案（2016—2020 年）》中提出，探索建立灌溉用水精准补贴和节水奖励机制，积极落实补贴和奖励资金的来源渠道，促进提高灌溉用水的效率和效益，保障灌区长期良性运行。可以看出，2015 年至今的这一段时期，我国节水农业建设开始对节水灌溉技术补贴政策提出更高要求，注重其指向性、精准性、有效性的提升，并开始探索建立长效的节水激励机制，以保障补贴资金能够落到实处，提高其利用效率，而相应的补贴政策也开始进入逐渐完善的阶段。

（五）未来发展趋势

在我国，农业生产的主要经营主体有传统小农户、种植大户、专业大户、家庭农场、合作社、农业企业等。其中，传统小农户占据了绝大多数，而且这一比例在短期内不会有太大改变（黄祖辉、梁巧，2007；刘同山、李竣，2017）。因此，小农户仍然应该是未来补贴政策关注的重点，只有让传统小农户实现节水，才能使中国农业实现真正的节水。伴随着我国节水农业建设的整体向前发展与不断深入，田间节水灌溉技术推广逐渐成为我国节水农业建设的一部分重要内容，对农户田间节水灌溉技术采用进行补贴也开始得到各级政府的高度重视。从我国节水灌溉技术补贴政策来看，针对农户节水灌溉技术采用进行补贴的大方向已经明确，但补贴政策在具体实施过程中仍有很多细节需要完善，补贴政策的实施效果还有待进一步提升。因此，我国政府对未来节水灌溉技术补贴政策提出了更高的要求，并开始重视补贴政策指向性、精准性和有效性的提升。首先，从政策“指向性”提升的角度来看，其实质上是要求进一步加强补贴政策的针对性，要凸出“谁节水，补贴谁”这一补贴原则，从而针对那些真正节水的农户进行补贴，提升补贴政策对节水灌溉技术采用的导向作用。其次，从政策“精准性”提升的角度来看，其实质上是要解决两方面问题，一方面是要提高补贴标准的精确性，明确到底需要给予节水灌溉技术采用户多少补贴；另一方面则是要提高补贴政策与农户实际需要之间的契合度，明确怎样的补贴政策才是农户真正需要的，这不仅包括农户需要得到多少补贴，同时还在很大程度上与补贴政策的实施方式有关，例如，采取何种形式的补贴，实施哪些相关的配套措施等。农户作为补贴政策的直接作用对象和最终接受群体，不难看出，提升指向性和精准性就是要以农户为突破口，更多地从农户视角出发考虑问题，设计以农户为中心的补贴政策，更好地满足农户多样化需求。最后，从政策“有效性”提升的视角来看，其实质是未来节水灌溉技术补贴政策优化与调整的最终目标，也是政策指向性和精准性提升所带来的实际效果。

二　现行节水灌溉技术补贴政策存在的问题分析

十五届三中全会以来，我国出台了一系列重大政策措施，推进了农田节水灌溉的稳步发展，节水灌溉面积年均增长3.5%，喷微灌面积年均增长12%左右。到2015年底，全国灌溉面积为7206万公顷，其中，节水灌溉面积占43.1%。高效节水灌溉（低压管道输水地面灌溉、喷灌、微灌）面积为1793万公顷，占总灌溉面积的24.9%，灌溉水利用率达到了53.6%（韩振中，2017）。虽然，近年来我国农田节水灌溉发展迅速，但现行节水灌溉技术补贴政策在补贴标准、实施方式，以及一些相关措施等方面仍然存在诸多问题，从而限制了补贴政策效果的最大限度发挥（孟夏等，2008；丰亚丽，2011；冯颖，2013；李珠怀，2014；褚琳琳，2015）。

（一）补贴标准核算缺少完整的成本收益基础

科学合理的补贴标准是节水灌溉技术补贴政策能够成功实施的关键。如果标准过低，将难以调动农户节水灌溉技术采用的积极性，如果补贴标准过高，则可能使节水灌溉技术补贴政策难以为继，面临可持续性问题。虽然，2010年的中央一号文件中早已提出将节水设备纳入补贴范围，但具体的补贴标准应该是多少？目前，政策文件中尚未明确，相关研究也未形成统一的核算准则，并导致现行补贴标准的有效性与公平性备受质疑，具体来看，包含以下两个方面。一方面，现行补贴标准的制定未能反映农户节水灌溉技术采用过程中的全部成本，面临有效性不足的问题。农户采用节水灌溉技术，尤其是高效节水灌溉技术（如滴灌技术），不仅要承担设备成本，同时还要承担在新技术学习和日常管理，以及设备的铺设、维修和回收等环节产生的隐性成本投入。这些成本是否也应该被纳入补贴标准的核算中去？但目前来看，现行政策往往只是针对农户节水灌溉技术的设备进行补贴，而上述隐性成本则因量化困难并未进入补贴标准的核算之中，从而使得补贴标准制定的合理性受到相关领域学者的质疑（刘军弟等，2012；冯颖等，2013；宋健峰，2013；褚琳琳，2015；徐涛等，2016a）。另一方面，现行补贴标准对技术采用所带来的外部效益考虑不足，难以体现公平性。如前所述，节水灌溉技术采用是一项具有强外部性的农业生产活动，其所带来的生态环境的改善效益是我们关注的焦点。但从现行补贴标准的核算来看，外部效益量化存在困难，导致这部分外部效益并未进入补贴标准的核算中，也使得补贴标准的制定难以体现公平性。

（二）政策实施方式设计未能体现农户偏好

完整的补贴政策不仅包括补贴标准，还包括补贴形式、配套措施等内容，这些政策内容与政策的具体实施方式有关，实施方式能否合理设计则直接决定着补贴政策的实施效果。农户作为补贴政策的最终接受群体，其对补贴政策的具体内容往往有着自己的需求偏好。(1）从补贴形式来看，一些农户认为这种实物形式的设备补贴可省去自行挑选和购买滴灌设备带来的不便，因而对其有较强偏好，但也有农户认为，由政府统一采购的节水设备可能存在质量与适用性问题，不一定适合自家种植结构与耕地状况，因而更偏好于现金形式的设备补贴。那么，究竟哪种形式的补贴对于农户来说才是最有效的？(2）从配套措施来看，节水灌溉技术采用，尤其是高效节水灌溉技术往往会对农户耕地状况、技术指导、资金投入、风险承担能力等提出更高要求。那么，农户对这些配套措施具有怎样的需求？是否应该在补贴政策设计中予以考虑？但是，从现行节水灌溉技术补贴政策来看，政策的制定往往采取“自上而下”的运作机制，政府在整个过程中起到了决定性作用，而农户在这一过程中却往往处于“失语”状态。也就是，作为补贴政策供给方——政府往往按照自己的意志制定补贴政策，而很少从补贴政策的需求方——农户角度进行考量。由于农户只是补贴政策的被动接受者，并没有参与补贴政策制定、表达喜恶的机会，其真实意愿也难以在补贴政策中得到体现，从而导致了政策制定者与农户之间存在一定程度的信息不对称。然而，信息不对称的存在往往导致补贴政策的制定并不能很好地反映农户偏好，难以满足其实际需要，从而也降低了农户体验，以及补贴政策效果的发挥。

（三）相关措施不够完善

除补贴标准与政策实施方式之外，现有节水灌溉技术补贴政策在其他的相关措施方面存在一些不足之处，并在一定程度上影响了补贴政策的实施效果。这些问题存在于补贴政策的操作准则、专项资金保障、成本收益评估体系、补贴发放流程、节水交易机制、信贷保险机制等诸多方面，具体如下。

（1）缺少具体可行的操作准则。由于中央政府出台的节水灌溉技术补贴政策大多是原则性、指导性的，没有硬约束，而且这些政策在实际执行过程中，还需要地方政府根据各自的区域发展状况和自然地理特征进行“本土化”的设计和改进，才能满足具体执行的需要。但是，各地在贯彻执行中央政策的过程中缺乏经验借鉴和实践指导，往往出现思路不清、措施不力、系统性不足等问题，从而导致多数政策还处于探索阶段，能够真正落地的相对较少，具有可操作性、接地气的政策措施则更不多见，一些政策甚至还停留在中央文件中（韩振中，2017）。

（2）专项资金保障不足。尽管国务院办公厅在 2016 年 1 月发布的《关于推进农业水价综合改革的意见》中明确提出：统筹各级财政安排的水管单位公益性人员基本支出和工程公益性部分维修养护经费、农业灌排工程运行管理费、农田水利工程设施维修养护补助、调水费用补助、高扬程抽水电费补贴、有关农业奖补资金等作为精准补贴和节水奖励的资金来源。但从实际情况来看，上述经费本身已有比较明确的用途，而且又都比较有限，能有多大比例用于节水补贴存在很大程度上的不确定性。而且，以上用于发展节水灌溉的财政资金分散在不同主管部门，缺少统一规划和安排，难以协调实施，形成合力。此外，对节水灌溉技术补贴需求较高的县市，一般自然地理条件相对较差、经济发展水平相对较低、财政能力先天不足，地方勉强可以配套小部分资金，但要在辖区内大面积推行节水灌溉技术补贴政策，实有很大的困难（胡振通等，2017）。

（3）成本收益评估体系缺失。节水灌溉技术补贴政策的核心内容是补贴标准，而补贴标准核算的直接依据则是技术采用的成本收益。如前所述，节水灌溉技术采用不仅能够带来市场化的成本与收益，同时也能够带来非市场化的成本与收益，两者均是补贴标准核算的重要参考依据。但从目前来看，在节水灌溉技术采用的成本收益测算方面，仍然缺少较为成熟的价值评估体系。尤其是在非市场化成本与非市场化收益评估方面，由于缺少科学、可行的评估方法，相关研究几乎还处于空白状态，从而导致现有节水灌溉技术采用成本收益评估难以体现完整性。在此情形下，现有补贴标准的核算大多只能依据技术采用的市场化成本与收益，这也是现行补贴标准的科学性、有效性与公平性备受质疑的根本原因所在。

（4）技术补贴发放流程不规范。目前，我国在农业补贴方面还没有建立起完善的监管机制，在补贴政策的实际执行中还存在不少漏洞，影响了补贴政策实施的实际效果（肖大伟，2010）。在节水灌溉技术补贴政策方面，同样存在着诸多类似的问题，具体表现为以下几个方面：一是，由于尚未出台针对虚报冒领节水灌溉技术补贴的惩处措施，一些地区通过虚开户头、虚报面积、以次充好等方式恶意套取国家专项补贴资金；二是，由于节水灌溉技术的采用类型与实际采用面积在逐户核查过程中存在工作量大、时间要求紧等方面的障碍，一些地方部门为图简单省事，往往采取敷衍的方式应付上级差事，导致所需上报的基础数据有失准确性；三是，由于尚未建立严格的监督与追查机制，补贴发放的中间环节往往难以得到有效的监督，在以基层组织上报数据为准的情况下，滋生了一些基层干部的寻租行为，导致节水灌溉技术补贴的发放偏离初衷（一些未采用户能够拿到技术补贴的情况不在少数，而采用户拿不到应有技术补贴的情况也时有发生），从而降低了实际采用户的节水积极性。

（5）节水交易机制不健全。借助市场交易机制，可促使用水者考虑水资源使用的机会成本。尤其是在现行农业灌溉水价较低，而生活用水、工业用水水价较高的情况下，农户使用水资源实际上存在较高的机会成本，如果能够通过市场交易的方式将剩余水权出售给出价更高的其他部门，将在很大程度上提升农户自主节水的意愿。因此，通过水权的转让使农户能够从节水中获得更多的收益，从而激励其自发实施节水行为，在理论上具有一定的可行性，这对减少我国当前较为严重的灌溉用水浪费现象尤为重要（李全新，2009）。但是，我国农业水权制度的不完善和灌溉用水价格的扭曲（一些地区农田灌溉水资源价格甚至低于供水成本），使农户主动节水和提升灌溉用水效率的动力不足，也在一定程度上阻碍了我国节水事业的健康发展。也就是说，在市场交易机制不健全的情况下，农户节约下来的灌溉用水难以通过市场交易到价格更高的用水部门，其节水收益将只能够通过节约水费的形式来体现，但现行农田灌溉水价较低，节水收益微乎其微，从而致使其节水积极性大打折扣。

（6）信贷保险机制不完善。相对于传统节水灌溉技术，滴灌、喷灌类高效节水灌溉技术具有实施成本高的特点，这意味着农户需要更多的生产投入。然而，对于一般农户来说，节水灌溉技术采用的成本投入可能远远超过了其所能够承受的水平，特别是在前期工程建设与大型设备购置时所需的一次性投入。因此，对于大多数农户来说，提供一定的信贷支持具有必要性。此外，高效节水灌溉技术采用往往意味着农户需要转变现有生产方式，适应新技术，而这一过程可能使其面临一定的生产风险。由于农户对新技术采用所带来的生产风险存有后顾之忧，可能会在一定程度上阻碍其技术采用决策，因此需要风险保障机制的配合。但目前来看，由于金融机构对节水灌溉设施建设提供信贷支持，具有贷款额度大、风险高、期限长等特点，而且农业生产本身也面临着较大的自然风险，从而降低了金融机构提供信贷和保险支持的积极性，也使农户在节水灌溉技术采用方面面临的资金压力和生产风险得不到有效缓解。

三　研究区域节水灌溉技术补贴政策现状与问题

（一）研究区域节水灌溉技术补贴政策现状

由于水资源紧缺问题严重，甘肃省从20世纪60～70年代就开始发展农业节水灌溉，起步相对较早。甘肃省水利系统在这一时期推行了一系列以计划用水、水费、水价等为主要内容的用水管理制度改革，并积极实施了以耕地平整和渠道衬砌等为主要措施的农田水利建设，从而为进一步发展节水灌溉打下了良好的基础。80年代，节水工程正式纳入甘肃省水利建设计划，不仅在河西走廊地区开展了常规节水增产技术的试验与示范，同时还在渠道衬砌与田间配套的基础上，推行了小畦灌溉。进入90年代以来，甘肃省开始将节水灌溉的发展方向从过去的渠道衬砌转向低压管道输水，以进一步降低输水过程中的水资源损耗，与此同时也开始注重对于喷灌、滴灌等先进高效节水灌溉技术的引进。据统计，到2000年底，甘肃省累计已发展节水灌溉面积达到1000万亩，占全省有效灌溉面积的53.9%，其中，常规节水灌溉面积842.4万亩，管灌面积100万亩，喷灌面积40.1万亩，滴灌面积17.5万亩。

近年来，为实现水资源可持续利用与区域生态环境改善，甘肃省先后出台了一系列推进高效节水灌溉技术应用的政策措施。

由甘肃省、武威市、民勤县共同编制完成的《民勤县“十二五”高效节水灌溉发展规划》中指出：以石羊河流域重点治理灌区节水改造项目的渠灌区和节水改造不完善的区域为重点，在全县发展高效节水灌溉面积15.42万亩，其中滴灌6.32万亩，管灌9.1万亩，规划估算投资18394万元，因考虑到民勤县财政筹资困难，群众自筹能力有限，拟申请中央财政投资16555万元，县财政配套和受益区群众自筹1839万元。2012年3月，甘肃省人民政府印发的《关于加快高效节水农业发展的意见》中提出：（1）2012～2014年，逐步扩大高效农田节水技术示范推广面积和范围，以上3年推广面积依次达到700万亩、900万亩和1000万亩；（2）借助高效节水灌溉技术的推广，使农田灌溉水的利用率提高到60%以上，初步实现农业灌溉水资源的高效利用；（3）到2014年，膜下滴灌技术采用面积从目前的60万亩提升到200万亩，其中，河西、沿（引）黄、东部及有关企业的新增面积分别要达到55.6万亩、16.3万亩、21万亩和47.1万亩；（4）积极争取国家在发展节水农业方面的专项资金投入，统筹各级政府和企业与农田水利、流域治理、农业综合相关的项目资金，提高现有资金的利用效率，从而逐步形成以农民为主体的国家支持、地方补助、社会参与的高效节水农业投入机制。2014年9月，甘肃省人民政府办公厅印发的《甘肃省灌区农田高效节水技术推广规划（2015—2017年）》中进一步提出以下几点。（1）以膜下滴灌、垄膜沟灌两大技术为主，推进水肥一体化技术应用，使农田高效节水技术示范推广面积每年稳定在1000万亩，实现“年节水10亿方、增收10亿元”的目标。其中，2015年河西区域推广垄膜沟灌、膜下滴灌水肥一体化技术分别为554万亩、145万亩；中部区域分别为238万亩、45万亩；东南区域分别为8万亩、1万亩。（2）加大对膜下滴灌技术及垄膜沟灌技术所需的地膜和推广膜下滴灌水肥一体化技术所需的水溶肥料等关键环节的投入力度。2015年5月，民勤县人民政府办公室印发的《民勤县2015年度农业高效节水灌溉示范点建设方案的通知》中指出：依托中央财政小型农田水利重点县项目，以民武、民湖、民东、民西、裕东路主干公路为轴线，集中力量打造民勤现代农业示范长廊，重点抓好红沙梁万亩膜下滴灌示范片及重兴扎子沟甜高粱、胡杨景观生态林、三雷陶中现代农业示范园、勤锋农场红枣棉花、中天公司牧草、东坝酿酒葡萄示范长廊、红沙梁孙指挥枸杞、泉山和平红枣、西渠首好地表水管灌、夏博岚葡萄地表水滴灌精准灌溉等“10个千亩”高效节水示范区，带动蔡旗枸杞、重兴酿造葡萄、昌宁酸枣、三雷和大坝日光温室、黑河农场大田滴灌、夹河中坪地埋式滴灌、东坝蒿子湖高标准管灌、大滩东大红枣、巴腾循环农业、红沙梁棉花精准灌溉、西渠号顺和玉成地表水滴灌等重点示范点建设，辐射环河片及城南特色产业、西坝片现代农业、东坝片高效农业、泉山片和湖区片节水农业发展。2017年5月，甘肃省水利厅等六部门联合发布的《关于加快和完善农业高效节水建设的通知》中提出：市、县财政要将高效节水建设项目列为优先保障领域，足额用好计提土地出让收益用于农田水利建设的资金，保障高效节水灌溉顺利实施。同时，采取以奖代补、先建后补、PPP（Public - Private Partnership）等方式，调动各类受益主体的积极性，吸引社会资金投入高效节水灌溉工程建设和管理运营。

从补贴政策的具体内容来看，甘肃省于2012年发布的《关于加快高效节水农业发展的意见》中指出：（1）进一步加强对膜下滴灌技术推广的支持力度，其中滴灌工程的首部枢纽和主输水管道建设由国家和省级专项财政资金解决，地面上的支管建设由市（州）、县（市、区）财政配套资金解决，田间滴灌带的配置由农民或企业自筹资金解决；（2）进一步提高对于垄膜沟灌和垄作沟灌的补助标准，其中2012年垄膜沟灌和垄作沟灌的补贴标准分别为15元/亩和10元/亩，2013～2014年的补贴标准还要在

2012年基础上适当提高；（3）为调动各地发展高效节水农业的积极性，要对节水工作成效显著、示范推广面积大的县（市、区）和大户，采取“以奖代补”等方式予以奖励。《民勤县“十二五”高效节水灌溉发展规划》中指出，建立农业节水精准补贴机制，对农民用水者协会、农民用水合作社、节水意识强的用水户进行农业节水补贴；建立农业节水奖励机制，对积极采取节水措施、调整种植产业结构和促进农业节水的农民用水合作组织和用水户，按节水奖励标准给予一定奖补，促进用水户积极节水意识的形成，积极推动高效节水灌溉发展。2016年11月，甘肃省水利厅和甘肃省财政厅联合印发的《关于做好水利财政补助资金项目库建设工作的通知》中对高效节水灌溉技术的最高补助标准分别做出了如下规定：地下水管灌亩均补助600元，地下水喷灌亩均补助1000元，地下水滴灌亩均补助1100元，地表水管灌亩均补助700元，地表水喷灌亩均补助1100元，地表水滴灌亩均补助1300元，黄河水或浑浊度较高的地表水滴灌亩均补助1500元①。

从研究区域现行的滴灌技术补贴政策来看，政府对于民勤县农户采用滴灌技术的补贴主要包括以下几部分：（1）帮助农户建设滴灌技术采用所需的水源工程，主要包括水源、抽水、蓄水、沉淀及输配电工程等；（2）帮助农户建设滴灌工程的首部枢纽，主要包括水泵、动力设备、压力装置、施肥装置、过滤装置等，以及泵房、管理间、配电间等相关基础设施；（3）帮助农户建设输水管道系统，主要包括输水主管和输水支管；（4）在农户初次采用滴灌技术时，为其无偿提供一次滴灌带。可以看出，民勤县针对滴灌技术的补贴政策基本上贯彻了甘肃省关于农业节水灌溉技术补贴的相关意见，但在细节上也存在一些出入。例如，甘肃

① 上述补贴标准多是针对节水灌溉工程建设的初始的一次性投入，而在本书补贴标准核算时将初始投入进行了折旧和均摊，因此在相互比较时应有所区别，后续论述中也会有更为详细的说明。

省补贴政策仅覆盖了水源工程、首部枢纽和管道系统的建设投资，但民勤县现行的滴灌技术补贴政策还在此基础上增加了对于田间滴灌带的相关补贴内容。

（二）研究区域节水灌溉技术补贴政策存在的问题

结合实地走访调研发现，民勤县现行节水灌溉技术补贴政策主要面临以下几方面问题。(1) 随着时间的推移，滴灌工程和设备老化问题多发，但由于后续服务不是很到位，缺少专业技术人员的维护和指导，设备发生故障后只能靠农户自己想办法解决，导致故障不能及时排除，甚至造成一些专业设备损坏，不仅影响了灌溉的效率，无形中也增加了农户的成本，使得滴灌技术后期难以为继。(2) 政府为农户初次采用免费方式提供的滴灌带一般可使用 3 年，因此农户在第 1 年和第 2 年收获之后需要对田间铺设的滴灌带进行回收和整理，以备来年再次使用，而且 3 年期的滴灌带在用到第 2 年和第 3 年的时候容易出现破损和堵塞问题，这些回收、整理和检修工作对于农户来说也是技术采用的成本投入。此外，3 年之后农户如果想要继续采用滴灌技术，则需要自行购置滴灌带，这对大部分农户来说又是一笔较大的开支。(3) 民勤县耕地细碎化情况较为严重①，这对农户采用滴灌技术造成了一定的阻碍，但现行补贴政策并没有对这一问题给予足够的重视。实地调研中，受访农户普遍反映，滴灌技术在小块耕地上使用时通常会遇到诸多不便，主要是因为小块耕地不易于机械化作业，同时也会大大增加滴灌带与支管之间的接口数量，从而导致农户技术采用成本的增加，降低了农户的技术采用积极性。

基于上述分析，民勤县滴灌技术补贴政策面临的问题主要表现为以下两个方面：(1) 补贴标准制定不够合理，缺乏科学合理

① 由调研数据可知，样本农户家庭平均地块面积在 2 亩以下的农户占 63.5%。

的核算依据，未能全面体现农户技术采用的成本与收益；（2）补贴政策在实施过程中未能体现农户偏好，与农户实际需要之间存在一定的偏差，一些必要的配套措施（如耕地整理项目等）不够完善。此外，民勤县节水灌溉技术补贴政策在流程规范、资金保障、节水交易、信贷保险制度等其他相关措施方面，也同样面临着一些共性问题，从而限制了补贴政策实施效果的发挥。总的来看，研究区域补贴政策面临的问题与我国节水灌溉技术补贴政策所面临的问题具有一定的同质性，是我国节水灌溉技术补贴政策实践的一个现实缩影。同时也表明，以民勤县为例探讨我国节水灌溉技术补贴政策，具有很好的代表性，能够保证研究结论的可推广性。

四　本章小结

探讨我国节水灌溉技术补贴政策的发展阶段及实践中存在的问题，有助于把握补贴政策的未来发展趋势，明确补贴政策优化的方向与目标。具体来看，本章研究主要包括以下内容。一是，通过对我国节水农业建设方面的相关政策收集与整理，运用历史研究法回顾了我国节水灌溉技术补贴政策的发展历程，并在此基础上将我国节水灌溉技术补贴政策划分为探索、起步、推广和完善四个阶段。关于政策发展阶段与发展趋势的分析结果表明，我国已经初步形成了节水灌溉技术补贴政策体系，但在具体的政策内容与实施方式方面还需进一步完善，需要注重指向性、精准性、有效性的提升，这也是未来补贴政策发展的主要趋势。二是，通过对现行补贴政策的实施现状、公平性、可持续性与激励效果等进行分析表明，现行节水灌溉技术补贴政策仍然面临补贴标准不尽合理、政策实施方式欠佳、相关措施不健全等方面的问题。通过对问题产生的原因进行分析发现：（1）缺少全面的成本收益核算基础，使得现行的节水灌溉技术补贴标准核算缺乏有效性与公平性；（2）政策实施方式的设计中未能体现农户偏好，使得现行节水灌溉技术补贴政策的实施效果受到影响；（3）现行补贴政策在一些相关措施方面存在不足，如缺少可行的操作准则、专项资金保障不足、成本收益评估体系缺失、补贴发放流程不规范、节水交易机制不健全、信贷保险机制不完善等，在一定程度上造成了政策落地难、效果差、长效性不足等问题。

第四章
节水灌溉技术补贴政策的激励效果分析

本章研究的主要目的在于，探究补贴政策对农户节水灌溉技术采用行为的激励效果，检验前文政策作用机理的分析结果，从实证角度回答“补贴政策是否有效”这一问题。与以往研究不同的是，本章研究将农户节水灌溉技术采用视为多阶段的动态化过程，并针对农户技术采用的不同阶段分析了补贴政策的激励作用。因此，本章研究不仅能够检验补贴政策对农户技术采用的作用机理，同时还能够进一步探究现行补贴政策激励效果的动态化特征，从而为后续节水灌溉技术补贴政策的设计和优化提供参考依据。具体内容包括：(1) 从理论上分析农户节水灌溉技术采用的行为过程，并在此基础上划分农户技术采用行为的不同阶段；(2) 分析补贴政策及其他相关因素对农户技术采用的影响，进而提出研究假说，构建相应的结构方程模型；(3) 通过结构方程模型估计，分析补贴政策在不同阶段对农户技术采用决策的影响情况。

一　问题的提出

在前文理论分析部分，我们已经对节水灌溉技术补贴政策的作用机理进行了详细的阐述，从理论上推导了补贴政策对农户节水灌溉技术采用行为的激励作用。但在实践中，尽管政府对节水灌溉技术的推广显示出了高度的重视与极大的热情，并出台了诸多激励性的补贴政策与措施，但节水灌溉技术在我国的推广和应用并不顺利（黄玉祥等，2012；杨全斌，2014）。那么，节水灌溉补贴政策是否真的能够促进农户技术采用？关于补贴政策作用机理的理论分析是否能够经得起实证数据的检验？农户节水灌溉技术采用积极性不高又该如何解释？

从现有研究来看，农户作为农业生产经营的主体，是新技术的需求者和使用者，对技术采用具有独立的选择权（Brodt et al.，2006），而农户对农业技术的认知程度是影响其采用决策的关键因素（唐博文等，2010；韩一军等，2015）。这使得技术认知对农户节水灌溉技术采用的影响得到了学者的大量关注。此外，有研究表明，对新技术缺乏有效的认知，易使农户产生畏难和避险情绪，从而导致技术推广和采用缓慢（许朗、刘金金，2013；周未等，2010）。

目前，由于国内节水灌溉补贴政策尚不成熟，关于补贴政策对农户节水灌溉技术采用影响的研究相对较少，且多数研究集中在理论层面。在实证研究方面，韩青（2005）借助完全信息静态博弈模型探讨了农户节水技术采用行为，研究结果表明，有效的激励机制可以提升农户选择高效节水技术的概率。李佳怡（2010）借助Logistic回归模型的分析结果表明，国家扶持政策是激励农户采用节水灌溉技术的主要因素。李俊利和张俊飚（2011）根据河南省农户节水灌溉技术采用情况的调查数据，运用Logit回归模型的分析结果表明，政府资金补贴能够对农户节水灌溉技术采用产生显著的正向影响，并建议加大对节水灌溉技术采用户的资金补贴力度。余安（2012）基于浙江省311户调研数据，采用二元Logistic回归分析，探讨了影响农户节水灌溉技术采用的主要影响因素，结果表明，政府配套补贴能够对农户技术采用意愿产生重要的正向影响。李娇和王志彬（2017）基于张掖市544份农户节水灌溉技术采用情况的调研数据，分别运用Probit回归模型和Tobit回归模型对农户节水灌溉技术的采用与否和采用率进行了实证分析，结果表明，政府推广和政府补贴均是上述两者的共同影响因素。

以上研究对本书有重要的参考价值，但现有研究更多关注了农户初次采用行为，并将农户技术采用视为静态过程，进而借助博弈分析或影响因素分析检验补贴政策对农户技术采用的影响，对农户技术采用过程中的认知变化、政策需求及后续采用决策的探讨存在不足。然而，在多数情况下，农户初次采用某项技术往往具有一定的尝试性，并不稳定（Bhattacherjee，2001）。此外，已有学者研究表明，技术采用实践能够加深使用者的心理认识（Limayem et al.，2003；Bagdi et al.，2015）。这些研究结论使得基于农户初次采用行为及静态视角的相关研究，面临研究结论的片面性和有效性不足等问题。从长期视角来看，农户技术采用应是一个多阶段的连续过程，并伴随着技术认知和政策需求的不断变化。例如，在技术采用前，农户或许认为现有补贴政策较为合理，但在技术采用后，其对技术本身及补贴政策的认知也可能发生变化[①]，并导致后续采用决策的变化。因此，在技术采用的不同阶段，补贴政策的影响可能会有不同，有必要基于农户认知变化对技术采用的不同阶段加以区分，进而对补贴政策作用机理做更为深入的探讨（Spaulding et al.，2015）。

鉴于此，本章将农户节水灌溉技术采用行为视为多阶段的连续过程，在此基础上分析补贴政策对其技术采用的影响，并通过实证数据分析，探究不同采用阶段下农户对补贴政策的认知变

① 由于样本农户面临同质性的技术补贴政策，补贴政策这一影响因素无法直接被纳入计量模型中，因此本书采用补贴政策认知来对其进行表征。

化，以及补贴政策认识变化对农户技术采用意愿的影响差异，从而为补贴政策激励效果的检验及相关政策的制定提供更多参考依据。

二　理论分析与模型构建

（一）农户节水灌溉技术采用的行为过程

如前所述，技术认知和补贴政策认知被认为是影响农户技术采用决策的两个关键因素，并且，在农户技术采用的不同阶段，两者的影响作用也在发生变化。基于此，本书首先对农户节水灌溉技术采用行为进行了阶段划分，即“初始采用阶段”和“后续采用阶段”，并进一步假定技术认知和补贴政策认知受到采用效果的修正和强化，进而影响后期采用决策（曹光乔等，2010），如图 4 – 1 所示。其中，初始采用阶段是指从农户发现新技术、认识新技术到初次采用这一阶段，后续采用阶段是指农户初次采用后，调整认知并决定是否继续采用这一阶段。具体来看：（1）在初始采用阶段，农户通过政府推广、亲友推荐等渠道获取技术和政策信息，从而形成的最初的技术认知和补贴政策认知，是农户做出初次采

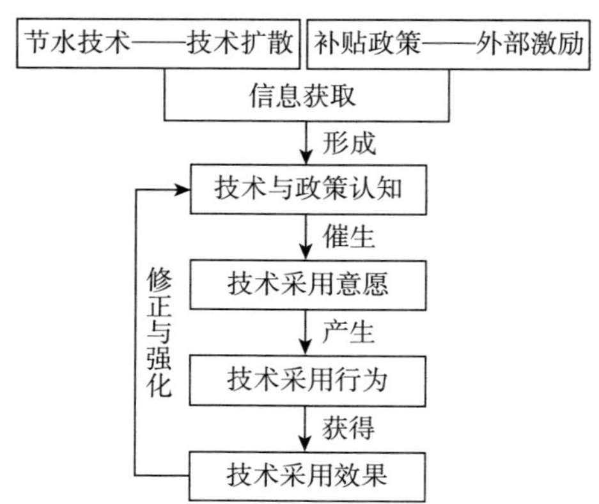

图 4 – 1　农户节水灌溉技术采用的行为机理分析

用决策的重要参考依据；（2）在后续采用阶段，农户结合自身采用实践进一步修正和强化相关认知，并作为是否继续采用的决策依据。

（二）补贴政策等因素对农户节水灌溉技术采用影响的理论分析及假说

基于上述分析，本书将重点探讨补贴政策认知、技术认知，以及其他一些相关影响因素对农户节水灌溉技术采用的影响。

（1）补贴政策认知对农户节水灌溉技术采用的激励作用。补贴政策认知（Perceived Subsidy Policy，PSP）指农户对现行节水灌溉技术补贴政策的评价，具体政策评价内容包括补贴标准与实施方式等方面。由于节水灌溉技术采用的直接经济收益难以弥补其过高的实施成本（韩青、谭向勇，2004），因此农户技术采用在很大程度上依赖于政府补贴（刘军弟等，2012；丁丽萍等，2015）。在此情形下，农户认为现行补贴政策（包括补贴标准与政策实施方式）越合理，其采用意愿也就越强。据此，本书提出假说 H_1：补贴政策认知对农户节水灌溉技术采用意愿有正向影响，但在不同采用阶段的作用强弱存在差异。

（2）技术认知对农户节水灌溉技术采用的影响作用。农户对节水灌溉技术的认知包括两个方面，即感知易用性（Perceived Ease of Use，PEU）和感知有用性（Perceived Usefulness，PU）。其中，感知易用性是指农户对技术的学习、铺设与回收等过程难易程度的认知；感知有用性是指农户对技术采用效果（如节水、节肥、省工等）的认知。一般来说，农户认为某一技术越容易掌握、操作，且效果越好，其采用意愿（Willingness to Adopt，WA）也就越强（李后建，2012；黄顺铭、李妍，2015）。据此，本书提出假说 H_2：感知易用性和感知有用性对农户节水灌溉技术采用意愿有正向影响，但在不同采用阶段的作用强弱存在差异。

（3）其他因素对农户节水灌溉技术采用的影响作用。为确保后续影响因素分析模型构建的完整性，本书也纳入了农户环境认知、主观规范及个体特征等因素。其中，环境认知（Environmental Awareness，EA）指农户对水资源紧缺程度、生态恶化程度的认知，以及对实施节水灌溉的重要性的认知。有研究表明，农户既有追求经济收益最大化的经济理性，同时也会考虑自身生产行为的环境效应，并从中获得生态理性带来的满足感（Gintis，2000；李俊利、张俊飚，2011；姚柳杨等，2016）。主观规范（Subjective Norm，SN）指农户所处外部社会环境对其采用意愿的导向作用，包括周边群众的技术评价、采用状态及政府推广力度等方面（杨水清等，2012）。有研究发现，农户新技术采用过程中，因自身知识水平和判断能力的局限，其行为方式会在很大程度上受到主观规范的影响（Lu et al.，2005；杨唯一、鞠晓峰，2014）。同时，农户受教育程度、收入水平与地块面积等个体特征，也是影响其采用意愿的重要因素（刘红梅等，2008；褚彩虹等，2012；乔丹等，2017a），并与技术信息获取、抗风险能力和机械化操作密切相关。据此，本书提出假说 H_3：环境认知、主观规范及个体特征也会对农户节水灌溉技术采用意愿产生影响。

（三）补贴政策等因素对农户节水灌溉技术采用影响的计量经济学模型

为验证前述理论假说，本书构建了结构方程模型（Structural Equation Modeling）对不同阶段农户节水灌溉技术的采用意愿进行分析。相比于传统的多元回归、Logistic 或 Probit 回归，结构方程模型更适合于分析多原因、多结果及间接影响问题（姚柳杨等，2016；乔丹等，2017a），该模型包括结构方程和测量方程两部分，具体形式如下：

$$\eta = B\eta + \Gamma\xi + \zeta \tag{4-1}$$

$$x = \Lambda_x \xi + \delta, \quad y = \Lambda_y \eta + \varepsilon \tag{4-2}$$

其中，公式（4－1）为结构方程，反映潜变量与潜变量之间的结构关系，η 为内生潜变量（即农户节水灌溉技术采用意愿），ξ 为外生潜变量（即农户技术认知、补贴政策认知等），B 和 Γ 为路径系数，ζ 为结构方程的误差项；公式（4－2）为测量方程，反映潜变量与其观测变量之间的线性关系，x 为外生潜变量的观测变量，y 为内生潜变量的观测变量，Λ_x 和 Λ_y 分别为观测变量在相应潜变量上的因子载荷矩阵，δ 和 ε 分别为相应测量方程的误差项。

三 研究样本与数据说明

（一）样本与变量描述

在 332 份有效样本中，未采用过滴灌技术的农户（即初始采用阶段农户①）有 156 户（46.99%），已采用过的农户（即后续采用阶段农户）有 176 户（53.01%）。为保证数据有效性，调研采取随机抽样和一对一入户访谈的方式，依据就近原则对农户当年生产生活和滴灌技术采用情况进行了统计。如表 4－1 所示，是本书结构方程模型所涉及的变量，其中，内生潜变量包括技术采用意愿，外生潜变量包括补贴政策认知、感知易用性、感知有用性、环境认知和主观规范，以及农户个体特征变量。在观测变量的选取方面，本书参考了李后建等（2012）与乔丹等（2017c）的研究，具体的问题设置见表 4－1 中的变量说明。其中，补贴政策认知的观测变量为 PSP_1、PSP_2和 PSP_3，

① 由于滴灌技术使用过程中需要多个农户共用一套灌溉系统，政府多是连片推广，具有一定的强制性，因此初始采用阶段农户中不存在“已经推广，但拒绝使用的农户”。

分别从补贴标准、实施方式及政策整体的合理性 3 个维度选取；技术采用意愿的观测变量为 WA_1、WA_2和 WA_3，分别从意愿、强度及对外推荐力度 3 个维度选取；感知易用性的观测变量为 PEU_1、PEU_2和 PEU_3，分别从技术掌握、设备铺设、设备回收的难易程度 3 个环节选取；感知有用性的观测变量为 PU_1、PU_2和 PU_3，分别从省水、省力、省肥 3 个维度选取；环境认知的观测变量为 EA_1、EA_2和 EA_3，分别从用水紧缺程度、地下水位变化及节水灌溉技术的环境效应 3 个方面选取；主观规范的观测变量为 SN_1、SN_2和 SN_3，分别从周围村民的态度、采用状态及政府推广力度 3 个维度选取。基于已有研究经验，以上观测变量均采用李克特五级量表进行测度，即“非常不同意”（赋值为 1）、“不同意”（赋值为 2）、“一般/说不清”（赋值为 3）、“同意”（赋值为 4）、“非常同意”（赋值为 5）。

表 4－1　变量说明

潜变量	观测变量	
	简写	变量说明
技术采用意愿（WA）	WA_1	现行补贴政策下，我愿意（继续）使用滴灌技术
	WA_2	若优化补贴政策，我愿意（扩大）使用的面积
	WA_3	我会推荐亲朋好友使用滴灌技术
补贴政策认知（PSP）	PSP_1	我认为现有补贴标准合理
	PSP_2	我认为现有实施方式合理
	PSP_3	我认为现有补贴政策整体合理
感知易用性（PEU）	PEU_1	滴灌技术易于掌握
	PEU_2	滴灌设备（地膜、毛管等）铺设方便
	PEU_3	滴灌设备（地膜、毛管等）回收容易
感知有用性（PU）	PU_1	滴灌技术的节水效果很好
	PU_2	滴灌技术的使用能节省一部分劳动力
	PU_3	滴灌技术能节省化肥的使用量

续表

潜变量	观测变量	
	简写	变量说明
环境认知（EA）	EA_1	我所在的村子灌溉用水很紧张
	EA_2	我所在村子的地下水位越来越深（机井越打越深）
	EA_3	节水灌溉技术推广有利于民勤县生态环境的改善
主观规范（SN）	SN_1	周围的人都愿意使用滴灌技术
	SN_2	周围使用滴灌技术的人很多
	SN_3	政府推广节水灌溉技术的力度很大
个体特征	*Education*	主要家庭成员的最高受教育年限（年）
	Income	年度家庭总收入（万元）
	Scale	最大地块的面积（亩）

表4－2是各观测变量的描述性统计结果。值得注意的是，描述统计结果显示，后续采用阶段农户的感知易用性要高于初始采用阶段农户，而感知有用性和补贴政策认知（包括对补贴标准、政策实施方式及政策整体的感知情况）则明显低于初始采用阶段农户。可见，农户采用滴灌技术后，逐渐认识到技术的掌握和操作要比想象中容易，但对技术采用效果和补贴政策的满意度有所下降。

表4－2　变量描述性统计

变量		初始采用阶段农户		后续采用阶段农户		样本整体	
		均值	标准差	均值	标准差	均值	标准差
技术采用意愿（WA）	WA_1	2.70	1.13	2.69	1.35	2.70	1.26
	WA_2	2.99	1.05	2.87	1.30	2.93	1.20
	WA_3	2.48	0.91	2.59	1.16	2.54	1.06
补贴政策认知（PSP）	PSP_1	3.24	0.81	2.95	0.89	3.08	0.87
	PSP_2	3.16	0.81	3.01	0.92	3.08	0.88
	PSP_3	3.07	0.74	2.90	0.85	2.97	0.81

续表

变量		初始采用阶段农户		后续采用阶段农户		样本整体	
		均值	标准差	均值	标准差	均值	标准差
感知易用性（*PEU*）	PEU_1	3.19	1.06	3.90	1.04	3.59	1.11
	PEU_2	2.87	1.12	3.72	1.11	3.34	1.19
	PEU_3	2.85	0.98	3.73	1.09	3.34	1.13
感知有用性（*PU*）	PU_1	3.53	0.97	3.12	1.08	3.30	1.05
	PU_2	3.34	0.93	3.14	1.12	3.23	1.04
	PU_3	3.25	0.85	2.99	1.01	3.10	0.95
环境认知（*EA*）	EA_1	3.89	1.08	3.87	1.01	3.88	1.04
	EA_2	3.70	1.04	3.69	1.02	3.69	1.03
	EA_3	3.76	1.02	3.73	0.95	3.74	0.98
主观规范（*SN*）	SN_1	2.04	1.07	2.75	1.58	2.44	1.42
	SN_2	1.92	0.91	2.80	1.60	2.42	1.41
	SN_3	2.46	1.07	3.13	1.61	2.83	1.43
个体特征	*Education*	7.97	2.85	7.93	2.80	7.95	2.82
	Income	3.77	2.84	4.67	5.10	4.28	4.27
	Scale	2.82	3.54	5.52	6.62	4.33	5.63

（二）问卷与数据的信度效度检验

为确保问卷可靠性，本书采用 Cronbach's Alpha 指数对各潜变量及问卷整体的信度进行了检验。统计软件 SPSS 21.0 的运行结果显示（见表 4－3），Cronbach's Alpha 值均在 0.8 以上，表明问卷可靠性较好。进一步，为了衡量问卷整体的内在结构是否合理，本书对问卷效度进行了检验。结果显示，各观测变量指标的标准因子载荷系数均在 0.6 以上，表明观测变量内在一致性较好。同时，三组样本的 KMO（Kaiser－Meyer－Olkin）值分别为 0.873、0.924 和 0.909，且 Bartlett 球形检验的近似卡方值均在 1% 的水平下显著，表明问卷效度较好，适宜做因子分析。

表 4－3 信度与效度检验结果

变量		初始采用阶段农户		后续采用阶段农户		样本整体	
		载荷	Cronbach's Alpha	载荷	Cronbach's Alpha	载荷	Cronbach's Alpha
技术采用意愿（WA）	WA_1	0.810	0.943	0.853	0.966	0.833	0.957
	WA_2	0.733		0.813		0.780	
	WA_3	0.725		0.767		0.752	
补贴政策认知（PSP）	PSP_1	0.847	0.908	0.888	0.937	0.877	0.927
	PSP_2	0.792		0.867		0.842	
	PSP_3	0.796		0.860		0.853	
感知易用性（PEU）	PEU_1	0.717	0.907	0.760	0.950	0.874	0.941
	PEU_2	0.765		0.688		0.910	
	PEU_3	0.651		0.713		0.902	
感知有用性（PU）	PU_1	0.703	0.905	0.821	0.956	0.900	0.939
	PU_2	0.675		0.857		0.886	
	PU_3	0.628		0.797		0.867	
环境认知（EA）	EA_1	0.913	0.927	0.829	0.876	0.872	0.901
	EA_2	0.828		0.802		0.806	
	EA_3	0.836		0.744		0.810	
主观规范（SN）	SN_1	0.912	0.927	0.921	0.945	0.929	0.945
	SN_2	0.848		0.899		0.898	
	SN_3	0.825		0.838		0.845	
问卷整体 Cronbach's Alpha		0.867		0.885		0.878	

四 计量经济模型估计

（一）结构方程模型的适配度检验

本书运用计量软件 AMOS 21.0 分别对初始采用阶段农户、后续采用阶段农户和样本整体进行了参数估计和模型修正，并相应地命名为初始采用模型、后续采用模型和样本整体模型，结果如表 4 – 4 所示。从模型整体适配度指标来看，三组模型的绝对拟合指数和相对拟合指数多在建议的取值范围以内，表明模型整体拟合情况较好，具有良好的解释能力。

表 4 – 4　模型适配度指标统计

拟合指数		建议值	初始采用模型	后续采用模型	样本整体模型
绝对拟合指数	χ^2/df	<3.00	1.623	2.234	2.967
	RMSEA	≤0.05 良好，≤0.08 合理	0.063	0.079	0.075
	GFI	≥0.9 优，≥0.8 尚可接受	0.841	0.875	0.884
	AGFI	≥0.9 优，≥0.8 尚可接受	0.797	0.825	0.838
相对拟合指数	*NFI*	≥0.9 优，≥0.8 尚可接受	0.897	0.922	0.933
	IFI	≥0.9 优，≥0.8 尚可接受	0.958	0.955	0.954
	TLI	≥0.9 优，≥0.8 尚可接受	0.951	0.942	0.942
	CFI	≥0.9 优，≥0.8 尚可接受	0.957	0.955	0.954

（二）结构方程模型的估计结果

结构方程模型估计结果如表 4 – 5 所示，从三组模型的未标准化路径系数来看，补贴政策认知、感知易用性、感知有用性、环境认知和主观规范对农户采用意愿的影响均在 1% 的水平下显著，个体特征对农户采用意愿的影响也均达到了 10% 的水平下的显著水平，表明上述因素对农户技术采用有显著的正向影响，从而验证了前文理论假说 H_1 和假说 H_2 前半部分，以及假说 H_3 的成立。对比三组模型的标准化路径系数可以看出，在不同采用阶段，各因素对农户采用意愿的影响存在差异，具体来看有以下几点。

首先，从补贴政策认知来看，从初始采用阶段到后续采用阶段，其对农户采用意愿的影响有所提升。在初始采用模型中，补贴政策认知的标准化路径系数为 0.330，低于主观规范的 0.350，表明在初始采用阶段补贴政策认知对农户采用意愿的影响要低于主观规范。而在后续采用模型中，补贴政策认知的标准化路径系数为 0.274，高于主观规范的 0.252，表明在后续采用阶段补贴政策认知对农户采用意愿的影响要高于主观规范。可见，对于未采用过滴灌技术的农户，其采用意愿更多的是受主观规范的影响，而对于已经采用过的农户，其采用意愿则更多的是受到补贴政策认知的影响。

表 4－5　结构方程模型估计结果

路径	初始采用模型		后续采用模型		样本整体模型	
	未标准化路径系数	标准化路径系数	未标准化路径系数	标准化路径系数	未标准化路径系数	标准化路径系数
WA←PSP	0.433***	0.330	0.394***	0.274	0.440***	0.324
WA←PEU	0.234***	0.246	0.193***	0.172	0.149***	0.153
WA←PU	0.294***	0.248	0.217***	0.199	0.292***	0.297
WA←EA	0.215***	0.266	0.229***	0.190	0.219***	0.218
WA←SN	0.284***	0.350	0.179***	0.252	0.187***	0.271
WA←Education	0.032*	0.105	0.081***	0.205	0.061***	0.172
WA←Income	0.048**	0.158	0.019*	0.091	0.027***	0.115
WA←Scale	0.038**	0.157	0.018***	0.105	0.017**	0.096

注：*、**、*** 分别代表 10%、5%、1% 的显著性水平。

其次，从技术认知来看，其在不同采用阶段对农户采用意愿的影响不同。在初始采用模型中，感知易用性与感知有用性的标准化路径系数分别为 0.246 和 0.248，表明在初始采用阶段两者对农户技术采用意愿的影响并无明显差异。而在后续采用模型中，感知易用性的标准化路径系数为 0.172，明显低于感知有用性的 0.199，表明在后续采用阶段感知易用性对农户技术采用意愿的影响要明显低于感知有用性。可见，农户采用滴灌技术后，对技术易用性的关注有所降低，而更加注重技术采用所能带来的实际效果。原因可能在于，农户采用滴灌技术后发现，技术的掌握和操作并没有想象中的困难，但技术采用并未达到预期效果。

上述分析结果表明，从初始采用阶段到后续采用阶段，随着农户对补贴政策和技术本身的认知深入，两者对技术采用的影响也随之发生变化，从而证实了前文理论假说 H_1 和假说 H_2 后半部分的成立。此外，从样本整体的标准化路径系数来看，补贴政策认知（0.324）对技术采用意愿的影响最大，其次是感知有用性（0.297）和主观规范（0.271），这一结果与初始采用模型和后续采用模型均有差异。由此可见，如果在未划分农户技术采用阶段的情况下进行分析，即直接估计样本整体模型，则很可能忽略部分有价值的信息，同时也可能误导研究结论。

五　补贴政策对农户节水灌溉技术采用的激励效果分析

前述计量经济模型的分析结果显示，补贴政策的确能够对农户节水灌溉技术采用起到一定的正向影响，证实了政策激励作用的存在。同时，上述实证分析结果还表明，从初始采用阶段到后续采用阶段，补贴政策对农户技术采用的标准化路径系数也在发生相应性的变化，即后续采用模型中补贴政策对农户技术采用的影响程度，相对来说，要大于初始采用模型。从表面上来看，上述结果表明，补贴政策对农户技术采用的激励作用得到了相对性的提升。但是，结合农户政策认知和技术认知的分析结果，我们不难看出，补贴政策对农户节水灌溉技术采用的正向影响，并不能简单地归结于补贴政策对农户“激励效果”的提升，而更可能是农户对补贴政策“依赖性”的提升。原因可能在于，在节水灌溉技术采用的初始阶段，农户对节水灌溉技术采用效果与现行补贴政策合理性的评价可能相对较高，但随着农户经历自身采用实践，开始发现技术采用的实际效果不够理想，并开始重新评估技术采用的成本收益，以及补贴政策的合理性。最终的结果则是，采用节水灌溉技术的农户发现，现行技术补贴政策难以使其获得预期收益，因而开始对技术补贴政策表现出更高的需求，并将其作为首要考虑的因素。也就是说，补贴政策正向激励作用的提升可能主要源于农户对补贴政策和技术本身的认知变化（即农户对现行补贴政策满意度与技术有效性的认知有所下降），并表现为农户对节水灌溉技术补贴政策的依赖性有所提升。

综合农户政策认知、技术认知及其对技术采用意愿影响程度的变化来看，现有节水灌溉技术补贴政策的确能够对农户技术采用起到一定的激励作用，但同时也应该认识到这种激励作用可能与补贴政策的设计初衷并不完全相符。现行补贴政策在实践中仍然存在不足之处，这些不足与补贴标准、政策实施方式等有着直接联系，并影响着农户参与补贴政策、采用节水灌溉技术的积极性。

六　本章小结

本章结合农户行为理论剖析了农户节水灌溉技术采用的阶段性特征，以及补贴政策在不同阶段对农户的影响，并在此基础上运用结构方程模型分析了补贴政策对农户节水灌溉技术采用的激励作用。实证分析结果表明，在不同的技术采用阶段，农户对补贴政策及技术本身的认知不同，并且这种认知变化对农户进一步的节水灌溉技术采用决策也产生了不同的影响，具体研究结论如下。

第一，在补贴政策方面，后续采用阶段农户感知补贴政策的合理性要低于初始采用阶段，但这一因素逐渐成为影响农户采用意愿的最关键因素。可以看出，技术采用前，农户对补贴政策的认可度相对较高，而经过自身采用实践，农户开始质疑原有的补贴标准、实施方式及政策的整体合理性。因此，实践中，补贴政策对农户节水灌溉技术采用的激励作用可能主要体现为政策“依赖性”的提升。

第二，在技术认知方面，从初始采用阶段到后续采用阶段，农户感知节水灌溉技术的易用性有所提升，而感知技术的有用性有所下降，两者对农户采用意愿的影响也逐渐从无差异转变为后者高于前者。结合实地调研了解，在初始采用阶段，农户对采用新技术存有一定的畏难情绪，而经过自身采用实践，这种畏难情绪得到了一定的缓解，但技术采用的实际效果并未达到预期水平，也促使其在后续采用阶段更加关注技术的有用性。

总体来看，现行补贴政策能够对农户节水灌溉技术采用起到一定的激励作用，但激励效果并不理想，主要表现为：从初始采用阶段到后续采用阶段，农户对补贴政策的满意度评价有所下降，对补贴政策的依赖性有所提升。此外，上述研究结论也能够在一定程度上揭示现行补贴政策在执行过程中存在的一些困难：一是，初次采用农户存在的畏难情绪，可能致使政策在实施初期面临农户响应不足的问题；二是，技术采用的实际效果达不到农户预期，可能影响农户后续采用的积极性；三是，农户对技术采用成本收益的重新评估，导致其对补贴政策产生新的需求，相应的补贴政策应该随之做出调整。因此，进一步优化现行节水灌溉技术的补贴标准和政策实施方式具有一定的必要性。

第五章

节水灌溉技术采用的全成本测算

全面的成本测算是节水灌溉技术补贴标准制定的重要价值依据。本章研究的主要目的在于，量化节水灌溉技术采用的全成本，从而为进一步的补贴标准核算提供全面的参考依据，主要内容包括：(1) 识别农户滴灌技术采用过程中产生的市场化成本和非市场化成本；(2) 借助市场价格测算农户在滴灌技术采用过程中所要承担的市场化成本；(3) 设计和实施 CVM 调研，收集农户对于技术采用非市场化成本的受偿意愿数据，并运用计量经济学分析方法估计和量化非市场化成本。

一 问题的提出

在生态保护补偿标准核算的相关研究中，技术采用的成本测度相对于收益测度具有可操作性、简易性等优势，使成本原则在补偿标准核算中得到了更为广泛的应用（刘菊等，2015）。例如，Zbinden 和 Lee（2005）提出以土地机会成本作为对上游土地使用者的补偿标准；周晓熙和郑旭荣（2007）指出，农业节水补偿要同时考虑农户因采取节水措施而增加的直接物质成本和机会成本；Pagiola 和 Platai（2007）将造林牧区具备产出能力前的农户损失作为生态补偿标准的核算基础；Wünscher 等（2008）将牧草地净收益作为农户环境保护的机会成本和补偿标准的核算依据；谭秋成（2009）、段靖等（2010）指出，补偿金不仅要能够弥补农户实施环保行为的机会成本，还应纳入工程成本（设备的初始投入成本等）和实施成本（人工费、动力费、维修费等）；代明等（2013）认为，若要使特定区域接受“限制”或“禁止”开发的有关安排，对其支付的生态补偿金必须要能够弥补该区域因开发受限而付出的机会成本。

从现有研究来看，成本视角的标准核算多是基于直接物质成本和机会成本，但具体应用到技术补贴标准的核算中可能存在以下问题：一是，以机会成本为基础的补贴标准核算虽得到了较为广泛的应用，但这一核算方法更适用于“限制或禁止农户原有生产行为”的补贴情境（如“退耕还林”的机会成本可以通过农业生产的收益进行观测），而并不适合“引导农户实施新行为”的补贴情境（如农户采用节水灌溉技术的机会成本不易观测）；二是，以直接物质成本为基础的补贴标准核算，低估甚至忽略了技术采用过程中产生的学习成本、交易成本，以及琐碎的铺设、管理、维护、回收成本等，因而难以反映农户技术采用过程中承担的全部成本（以下简称“全成本”），影响了技术补贴政策制定的公平性和实践效果。

全面可靠地评估节水灌溉技术采用的全部成本，能够为政策制定者提供全面可靠的价值信息，是补贴标准制定的重要依据（刘菊等，2015）。由于技术采用的直接物质成本能够很容易地通过市场价格进行测算，而学习成本、交易成本、额外劳动力成本等则往往具有非市场特性，因而容易被研究者低估甚至忽略，进而导致补贴标准制定的合理性遭受质疑。基于此，本章研究不仅要借助市场价格测算节水灌溉技术采用过程中产生的市场化成本，还要借助条件价值评估法（CVM），通过构建假想市场来量化农户节水灌溉技术采用过程中所需承担的非市场化成本，进而为补贴标准的制定提供更为全面的价值参考依据。

二 “全成本”的识别

基于第二章中关于“全成本收益”的概念界定可知，农户节水灌溉技术采用过程中的“全成本”包括直接物质成本、间接物质成本、直接人工成本和间接人工成本四部分，其中直接物质成本是市场化成本，而间接物质成本、直接人工成本和间接人工成本则是非市场化成本。这里，结合滴灌技术的类型和特点，并参考周建华等（2012）、曾维军（2014）关于技术采用成本的部分研究成果，进一步对各类成本中所包含的详细内容进行识别，具体如下。

首先，从市场化成本来看，它主要是指农户因采用滴灌技术而产生的直接物质投入，主要包括水源工程、输配电工程、水泵及动力设备、沉淀设备、过滤设备、加压设备、施肥装置、计量设备、保护装置、输水管道、田间设备（主要是滴灌带和滴头）等的建设与购置费用，以及后期采用过程中产生的电费与维修配件的购置费等。

其次，从非市场化成本来看，它主要包括三类成本。①间接物质成本，即农户因采用滴灌技术而产生的间接物质投入，主要包括农用机械折旧费、农机燃油与维修费与耕地整理费用等。其中，农用机械折旧费是指，在设备铺设与回收过程中使用的农用机械设备（如拖拉机等），由于这些机械设备属于固定资产，因而会有固定资产折旧费用产生；农机燃油与维修费用是指，使用上述农用机械产生的燃油费和维修费用；耕地整理费用是指，为配合滴灌技术使用而产生的耕地整理费用。②直接人工成本，即农户因采用滴灌技术而产生的直接人工投入，主要包括农户采用滴灌技术时投入到节水设备的铺设、维修、回收及日常管理等环节中的人工成本。③间接人工成本，即农户因采用滴灌技术而产生的间接性的人工投入，这部分成本并不是产生于农户滴灌技术采用的过程之中，而更多的是产生于技术采用的前期或后期（但不限于这两个阶段），主要包括农户学习滴灌技术使用时投入的时间与精力，设备购置过程中产生的交易成本（如信息搜寻成本、议价成本和决策成本等）。

三　市场化成本的测算

市场化成本的测算主要是依据市场价格。滴灌技术实施的市场化成本（也即直接物质成本）又可进一步根据使用年限和性质的不同划分为三部分：一是滴灌工程的初始建设成本，包括水源工程、输配电工程、水泵及动力设备、沉淀与过滤设备、加压设备、施肥装置、计量与保护设备、输水管道等，这部分成本是实施滴灌技术的初始投入，由于设备购置费用较高且使用年限较长，因此需要采取固定资产折旧的办法将其均摊到每一年当中；二是田间的设备投入，包括滴灌带、滴头、维修配件和地膜等，这部分成本是实施滴灌技术的后续投入，使用年限相对较短，一般为 1～3 年不等；三是滴灌工程后期运行过程中产生的电费。

（1）关于滴灌工程的初始建设成本。依据《2017—2022 年中国节水灌溉行业市场分析预测及投资前景分析报告》，滴灌工程的建设成本约为 1000 元/亩，这部分投入主要是工程投入，包括水源工程与输配电工程的建设费用，以及动力设备、水泵、沉淀与过滤设备、加压设备、施肥装置、计量与保护设备、输水管道等的购置费用。按照《中华人民共和国企业所得税法实施条例》中生产设备的最低折旧年限 10 年计算（残值比例按原价的

5%），经平均年限法计算得到，年折旧率为9.5%。进一步，按照上述折旧率进行计算，滴灌工程的年均折旧额为95元/亩，则年均均摊成本为95元/亩。

（2）关于滴灌技术采用的田间设备投入。①滴灌带投入，其成本计算以采用率较高的壁厚0.23毫米的加厚型打孔滴灌带为例（该款滴灌带以滴水孔代替滴头，降低了制造成本和售价，更受当地农户的欢迎），其市场价约为0.21元/米。若进一步以种植玉米为例，则每亩大约需要850米的滴灌带，使用年限为3年（即每隔3年需要更换一次滴灌带），则每年需要花费在滴灌带上的亩均投入约为59.5元。②地膜投入，根据民勤县实际情况，该县已经实现了地膜的全覆盖，因此不能将其计入实施滴灌技术的成本投入。原因在于，这里需要统计的是农户因采用滴灌技术而需要承担的额外的成本投入，而地膜不属于农户采用滴灌技术的新增成本。③维修配件购置费用，根据实地调研数据统计，滴灌技术采用户每年需要承担的维修费用约为18.69元/亩，其中包括工程设备维修和田间设备的维修费用。基于此，采用滴灌技术需要的田间投入合计约为78.19元/亩。

（3）关于滴灌技术采用的电费投入。由于滴灌工程的运行需要靠电力来维持，因此农户采用滴灌技术后所承担的电费会有所增加，根据实地调研数据统计，农户从传统的大水漫灌到采用滴灌技术进行灌溉，每亩所需的电费增加了约50度。若按照国家电网甘肃省电力公司农业用电的收费标准，不满1千伏的平段电价为0.45元/度，可计算得到采用滴灌技术后电费的增加量约为22.5元/亩。

综上所述，农户采用滴灌技术需要承担的工程建设成本为95元/亩、田间设备成本为78.19元/亩、运行电费成本为22.5元/亩，总的市场化成本约为195.69元/亩。

四　非市场化成本的测算

（一）非市场化成本的测算方法

本书将借助条件价值评估法（CVM）量化农户节水灌溉技术采用过程中的非市场化成本。CVM 是陈述偏好法（Stated Preference）中的一种，是用来评估非市场价值的重要技术手段之一（Adamowicz et al.，1998；Carson and Hanemann，2005）。本书将借助 CVM 构建假想市场，以估算节水灌溉技术采用过程中产生的非市场化成本，从而弥补市场机制的缺失。

1. CVM 问卷设计

引导技术是 CVM 调研的核心问题之一，合理选择引导技术是提高研究有效性的重要手段。目前，CVM 调研常用的引导技术有开放式（Open - ended）、支付卡式（Payment Cards）、二分式（Dichotomous Choice Questions）等（Lopez - Feldman，2013）。其中，开放式问卷具有简单、直接等优点，但也会给受访者的回答造成一定难度；支付卡式问卷的优点是直接给出支付意愿（Willingness to Pay，WTP）或受偿意愿（Willingness to Accept，WTA）的投标值供受访者选择，降低了开放式问卷的拒答率，但却容易造成始点偏差；二分式问卷只需受访者回答“是”或“否”支付或接受预设金额，模拟了市场交易的决策过程，能够在一定程度上提高调研数据的可信度，但由此获得的信息实际上比开放式和支付卡式问卷更少，仅能推测受访者真实 WTP 或 WTA 高于或低于投标值（郭江、李国平，2017）。

考虑到农户调研的特殊性，本书采用了支付卡式与开放式相结合的问卷形式实施 CVM 调研。两种方式的结合，一方面回避了二分式的复杂操作，便于农户理解，并降低了只回答“是”或“否”时所造成的不必要的信息损失；另一方面也能够有效避免开放式问卷的难于作答，以及支付卡式问卷的始点偏差。具体来看，本书 CVM 问卷中不仅为受访农户提供了一系列投标值供其选择，同时也设计了开放式问题。因此，受访农户可从支付卡中选择某一特定的投标值，也可以自行填写开放式问题。具体问题设计如下：在不考虑滴灌技术采用收益的情况下，您认为，除对直接物质投入（即工程建设、设备购置及电费）以外，每亩至少还需要给您多少额外补贴？①0元，②5元，③100元，④200元，⑤300元，⑥400元，⑦500元，⑧600元，⑨其他金额________元。

2. 计量经济模型

如果不考虑受访农户基本特征等相关变量的影响，则 WTA 的期望值可以运用如下公式计算得出：

$$E(WTA) = \sum_{i=1}^{K}(P_i \times A_i) \tag{5-1}$$

公式（5－1）中，$E(WTA)$ 为 WTA 的期望值；A_i为受访农户所选（填）的第 i 个受偿额度；P_i表示受访农户选择第 i 个受偿额度的概率；K 为受偿额度的个数。但一般情况下，受访农户在选择受偿额度的时候，或多或少都会受到自身特征的影响，如性别、年龄、受教育程度、家庭收入等因素（徐大伟等，2012）。因此，也有学者采用线性回归模型估计受偿意愿与农户基本特征之间的关系，进而估算受偿意愿的期望值（Lopez－Feldman，2013）：

$$WTA^* = x_i'\beta + \mu_i \tag{5-2}$$

$$E(WTA) = \bar{x}_i'\hat{\beta} \tag{5-3}$$

公式（5－2）中，WTA^* 表示受访农户的真实 WTA；x_i为农户基本特征变量的向量；β 为待估系数的向量；μ_i 为随机扰动项，服从均值为0，标准差为 σ 的正态分布。公式（5－3）中，$\hat{\beta}$ 为系数 β 的估计量，$\bar{x}_i'$ 为特征变量均值。

根据公式（5－1）和公式（5－3）估算 E（WTA），多是基于受访农户 WTA^* 等于其投标值 A_i 的假定。在这一假定下，若农户能够自行填写受偿额度，则采用上述两式估算 E（WTA）是不存在偏差的。但在实际调研中，多数农户不能自行给出受偿额度，而只能直接从支付卡上勾选预设的投标值。例如，当农户 i 勾选了 A_{ui} 这一投标值时，A_{ui} 并不一定代表“农户 WTA^* 等于 A_{ui}”。原因在于，CVM 问卷询问的是农户“至少”需要得到的补贴，因此农户 WTA^* 很可能在 A_{ui} 与下一临近投标值 A_{li} 之间。这里有 $A_{li}<A_{ui}$，由于受访农户不能接受 A_{li}，因而最终会选择稍大一点的 A_{ui}。那么，当 $A_{li}<WTA^*\leqslant A_{ui}$ 时，运用公式（5－1）和公式（5－3）估算的 E（WTA）很可能得到偏大的结果。鉴于此，有学者提出 PID 模型（Point and Interval Data Model），该模型能够对 WTA^* 做出更为合理的假定（Mahieu et al.，2012）。基于 PID 模型，本书中受访农户 WTA^* 的分布可能有以下三种情形：①若受访农户勾选了支付卡中除“0 元”以外的任意投标值 A_{ui}，则假定 $A_{li}<WTA^*\leqslant A_{ui}$：

$$P(A_{li}<WTA^*\leqslant A_{ui})=P(A_{li}<x_i'\beta+\mu_i\leqslant A_{ui})=P\left(\frac{A_{li}-x_i'\beta}{\sigma}<\varepsilon_i\leqslant\frac{A_{ui}-x_i'\beta}{\sigma}\right)$$

$$=\Phi\left(\frac{A_{ui}-x_i'\beta}{\sigma}\right)-\Phi\left(\frac{A_{li}-x_i'\beta}{\sigma}\right)\tag{5－4}$$

②若受访农户勾选了支付卡中的“0 元”这一投标值，则假定 $WTA^*=0$：

$$P(WTA^*=0)=P(x_i'\beta+\mu_i=0)=P(\mu_i=-x_i'\beta)=f(-x_i'\beta)$$

$$=\frac{1}{\sigma}\left\{\frac{1}{\sqrt{2\pi}}\exp\left[-\frac{1}{2}\left(\frac{-x_i'\beta}{\sigma}\right)^2\right]\right\}=\frac{1}{\sigma}\varphi\left(\frac{-x_i'\beta}{\sigma}\right)\tag{5－5}$$

③若受访农户自行填写了某一受偿额度 A_i，则假定 $WTA^*=A_i$：

$$P(WTA^*=A_i)=P(x_i'\beta+\mu_i=A_i)=P(\mu_i=A_i-x_i'\beta)=f(A_i-x_i'\beta)$$

$$= \frac{1}{\sigma}\left\{ \frac{1}{\sqrt{2\pi}} \exp\left[-\frac{1}{2}\left(\frac{A_i - x_i'\beta}{\sigma} \right)^2 \right] \right\} = \frac{1}{\sigma}\varphi\left(\frac{A_i - x_i'\beta}{\sigma} \right) \quad (5-6)$$

公式（5－4）、公式（5－5）、公式（5－6）中，ε_i 服从标准正太分布；Φ 为标准正态分布的累积分布；f 为一般正态分布的概率密度函数；φ 为标准正态分布的概率密度函数。为了得到 β 与 σ 的估计量，本书构建了纳入公式（5－4）、公式（5－5）、公式（5－6）的对数似然函数方程（Mahieu et al.，2012）：

$$\ln L = \sum_{i=1}^{N} \left\{ \begin{aligned} & I_i^a \ln\left[\Phi\left(\frac{A_{ui} - x_i'\beta}{\sigma} \right) - \Phi\left(\frac{A_{li} - x_i'\beta}{\sigma} \right) \right] \\ & + I_i^b \left[-\ln\sigma + \ln\varphi\left(\frac{-x_i'\beta}{\sigma} \right) \right] \\ & + I_i^c \left[-\ln\sigma + \ln\varphi\left(\frac{A_i - x_i'\beta}{\sigma} \right) \right] \end{aligned} \right\} \quad (5-7)$$

公式（5－7）中，I_i^a、I_i^b 和 I_i^c 为示性变量，当农户 WTA^* 分别符合假设情形①、②、③时，取值为 1，否则取值为 0。可以看出，公式（5－7）的第一部分对应的是区间截断的观测值，应采用区间概率模型进行估计，而第二、第三部分对应的则是特定点的观测值，可采用 Tobit 概率模型进行估计。最终，通过最大似然估计得到 $\hat{\beta}$，并借助公式（5－3）计算 $E(WTA)$。

（二）农户基本特征与受偿意愿统计

1. 农户基本特征

在农户基本特征变量方面，本书结合已有研究选取了年龄、受教育程度、种植收入等 9 个指标（Bonabana－Wabbi，2002；许朗、刘金金，2013；乔丹等，2017b），具体的指标含义及赋值如表 5－1 所示。具体来看，年龄与受教育程度是影响农户生产经验与相关信息的获取的重要因素，书中采用受访农户主要家庭成员的平均年龄与受教育年限来衡量这两个指标；种植收入则能够在一定程度上反映农户生产的专业化水平；家庭劳动力的数量可能会影响到滴灌设备铺设、回收与日常管理；耕地状况可能会对滴灌技术的适应性造成一定影响；经济作物的产值要高于一般农作物，这也增加了技术升级过程中农户所面临的风险；社会资本能够反映农户对外交往的频繁程度，而社会交往越频繁的农户往往更加“精明”，对补贴政策也更加敏感，由于电话费能够在一定程度上反映农户对外联系的密切程度，因此本书将其作为社会资本的衡量指标；村干部、党员往往在技术推广中发挥模范带头作用；农户对节水灌溉技术生态效应的认同度则会在一定程度上影响其技术采用的主动性与积极性。总的来看，农户生产经验和信息获取越丰富、专业化水平越高、家庭劳动力越充裕、耕地状况越好，则越可能较为容易地驾驭新技术，对技术补贴的需求也可能越低；经济作物占比越高、社会资本越丰富的农户则可能对技术补贴的需求越高；自身模范作用越强、生态认同感越高的农户，其主动采用滴灌技术的可能性也就越高，进而对技术补贴的需求可能越低。

表 5－1　样本农户基本特征描述统计

变量	含义与赋值	均值	标准差	最大值	最小值
年龄	主要家庭成员的平均年龄（年）	49.53	8.66	71	28.50
受教育程度	主要家庭成员的平均受教育年限（年）	7.32	2.99	16	0
种植收入	家庭年度种植业毛收入（千元）	35.72	65.88	611.50	1.32
劳动力	家庭中成年劳动力的个数（人）	2.57	0.96	6	1
耕地状况	家中最大地块的面积（亩）	5.62	8.99	50	1
经济作物	经济作物种植面积所占的比重	0.63	0.35	1	0
社会资本	年度人均电话费（千元）	0.35	0.21	1.38	0
村干部或党员	家中是否有村干部或党员？ 否＝0；是＝1	0.25	0.43	1	0
生态认知	您是否认为节水灌溉技术推广有利于民勤县生态环境改善？ 1＝非常不认同；2＝不认同；3＝一般；4＝认同；5＝非常认同	4.42	1.00	5	1

2. 受偿意愿描述统计

在 332 个有效样本中，按照问卷要求选择或填写了受偿意愿的有 273 份，另有 59 份“拒绝受偿”，占有效样本的 17.77%。关于“拒绝受偿”的原因可能有两种情况：一部分受访农户由于“不愿采用滴灌技术”，因此也拒绝填写受偿意愿；另一部分受访农户则是认为“技术补贴政策本身不可能实现”，因此拒绝填写受偿意愿。由于这部分农户没有选择或填写受偿意愿，因此也无从知晓其真实受偿意愿的所在范围，因此不进入模型估计。

表 5-2 是 273 个愿意接受补贴的农户的投标值统计及相应的 WTA^* 假定。从统计结果来看，农户投标值及相应的 WTA^* 假定可分为三种不同的类型：①从支付卡中选取非零受偿额度的农户共有 201 个，占比为 73.63%，其 WTA^* 被假定为区间分布；②从支付卡中选取了“0 元”这一受偿额度的农户有 33 个，占比为 12.09%，其 WTA^* 被假定为零；③受访农户自己填写受偿额度的有 39 个，占比为 14.29%，假定其 WTA^* 与填写值相等。总体来看，受访农户投标值大致呈正态分布，以 100 元左右的投标值居多，在一定程度上反映了调研数据的有效性和代表性。此外，需要说明的是：①投标值为零的农户有 33 个，高于投标值为“50 元”的农户个数，原因可能在于，不能排除一些农户可能认为滴灌技术采用不但不需要补贴，而且还能为自家农业生产带来一定的收益（即存在支付意愿的可能），由于支付卡中并未设计负的受偿意愿，因此选择了“0 元”这一投标值的农户数量相对较多；②实地调研中，使农户自己填写受偿意愿往往存在一定的困难，因此第三种类型的投标值要比第一、第二种类型的投标值相对较少，但仍能表现出正态分布的特征。

表 5－2　情况统计及 WTA^* 假定

投标值（元）	频数（次）	频度（%）	WTA^*（元）
$A=0$	33	12.09	$WTA^*=0$
$0<A<50$	7	2.56	$WTA^*=A$
$A=50$	16	5.86	$0<WTA^*\leqslant 50$
$50<A<100$	6	2.20	$WTA^*=A$
$A=100$	53	19.41	$50<WTA^*\leqslant 100$
$100<A<200$	12	4.40	$WTA^*=A$
$A=200$	32	11.72	$100<WTA^*\leqslant 200$
$200<A<300$	6	2.20	$WTA^*=A$
$A=300$	30	10.99	$200<WTA^*\leqslant 300$
$300<A<400$	1	0.37	$WTA^*=A$
$A=400$	19	6.96	$300<WTA^*\leqslant 400$
$400<A<500$	4	1.47	$WTA^*=A$
$A=500$	25	9.16	$400<WTA^*\leqslant 500$
$500<A<600$	2	0.73	$WTA^*=A$
$A=600$	26	9.52	$500<WTA^*\leqslant 600$
$600<A<\infty$	1	0.37	$WTA^*=A$

（三）模型估计与非市场化成本的测算结果

本书运用 Stata 14.0 软件估计前文最大似然函数及 *WTA* 的期望值，结果如表 5－3 从最大似然函数的估计结果来看，Log likelihood 为 －919.174，卡方值为 33.83，且在 1% 的水平下显著，大部分基本特征变量在 10% 的水平下显著，表明模型整体拟合优度较好。具体来看：（1）年龄、种植收入、劳动力、耕地状况、村干部或党员、生态认知的估计系数为负值，且在 10% 的水平下显著，表明以上变量与农户受偿意愿之间存在显著的负相关关系；（2）受教育程度的系数不显著，原因可能在于，主要家庭成员平均受教育年限的增加，有助于提升农户农业生产的专业化水平，从而降低了其对技术补贴的需求，当然受教育程度的提升也可能提升农户从事非农就业的机会，而劳动力从农业转向非农则可能导致其对技术补贴有更高需求，两者综合作用的结果将最终导致受教育程度系数不显著；（3）经济作物与社会资本的系数为正，且在10%的水平下显著，两者与农户受偿意愿之间存在显著的正相关关系。关于农户受偿意愿的期望值，本书运用了"Delta – method"方法进行估计。

表5–3　最大似然方程与WTA期望值的估计结果

变量	系数	标准误	95%置信区间	
			下限	上限
常数项	460.818***	110.339	244.557	677.080
年龄	–2.549*	1.446	–5.384	0.286
受教育程度	–5.043	4.086	–13.051	2.965
种植收入	–0.307*	0.181	–0.663	0.048
劳动力	–20.121*	11.462	–42.587	2.344
耕地状况	–4.053***	1.399	–6.795	–1.310
经济作物	95.824***	31.487	34.110	157.538
社会资本	102.036*	52.900	–1.645	205.718
村干部或党员	–75.139***	25.047	–124.231	–26.047
生态认知	–18.452*	10.821	–39.660	2.756
Log likelihood = –919.174	LR chi^2（9）= 33.830		Prob. = 0.0001	
Number of observations = 273	Interval observations = 201		Uncensored observations = 72	
E（*WTA*）	207.689***	10.577	186.959	228.419

注：*、**、***分别代表10%、5%、1%的显著性水平。

从估计结果来看，*E*（*WTA*）为207.689元/亩，且在1%的水平下显著。这一结果表明，在不考虑滴灌技术采用收益的情况下，除设备补贴外，每亩至少还要需要给予农户207.689元的额外补贴，才能保证其持续采用。同时，这一结果也表明，农户采用滴灌技术需要承担的非市场化成本约为207.69元/亩。

五　本章小结

本章在识别农户滴灌技术采用过程中的“全成本”的基础上，分别测算了农户采用滴灌技术的市场化成本和非市场化成本。其中，节水灌溉技术采用的非市场化成本测算是本章研究的重点和难点。在非市场化成本测算过程中，本书结合了开放式与支付卡式引导技术，并设计针对农户的CVM调研问卷，进而借助PID模型对受访农户真实受偿意愿的取值进行更为合理的假定，从而更为精确地对滴灌技术采用的非市场化成本进行了估算。研究结果表明，农户采用滴灌技术所需承担的市场化成本为195.69元/亩，所需承担的非市场化成本约为207.69元/亩，“全成本”为403.38元/亩。

本章研究为节水灌溉技术采用的非市场化成本测算提供了新的可行思路，并表现出以下三方面优势：(1)“全成本”测算过程中纳入了农户技术采用过程中不易观测和量化的非市场化成本，能够为节水灌溉技术补贴标准的核算提供更为全面的价值依据；(2)开放式与支付卡式引导技术的结合应用，不仅适合农户调研，而且也提高了CVM研究在WTA信息收集阶段的有效性；(3)PID模型的应用，使得针对农户真实WTA的假定更为合理，提高了WTA期望值估算结果的准确性。

第六章 节水灌溉技术采用的全收益测算

全面的收益测算同样是节水灌溉技术补贴标准制定的重要价值参考依据。本章研究的主要目的在于，量化节水灌溉技术采用的全部收益，从而为进一步的补贴标准核算提供全面的参考依据，主要研究内容包括：（1）识别农户采用滴灌技术所带来的市场化收益和非市场化收益；（2）借助市场价格测算农户因滴灌技术采用而获得的市场化收益；（3）探明滴灌技术采用与区域社会生态环境变化之间的对应关系，并在此基础上构建非市场化收益的评估指标体系，设计选择实验（CE）调研问卷及调研方案，收集研究区域内居民对非市场化收益的支付意愿数据，进而运用计量经济学分析方法量化技术采用的非市场化收益。

一 问题的提出

实施节水灌溉技术不仅能够提高水资源利用效率、缓解水资源危机，还能在节约化肥、农药和人力投入量，改善生产条件，提高产量和质量等方面发挥作用，对于区域生态安全和社会经济可持续发展具有重要意义（陈亮等，2009；王洪源、李光永，2010；靳姗姗，2011；邢英英等，2015；袁寿其等，2015）。从节水灌溉技术采用收益的类别而言，既有市场化收益（如节水、增产等直接经济收益），也有非市场化收益（如生态安全、粮食安全等间接社会生态收益）。科学全面地量化上述市场化收益和非市场化收益，并将其纳入补贴标准的核算之中，将有助于提高补贴政策制定的公平性与合理性（Lant et al.，2008；褚琳琳，2015）。

关于节水灌溉技术采用效益的研究中，吴景社（2003）、雷波（2005）、Hussain（2007）、叶春兰和王宏伟（2008）运用定性方法对节水灌溉技术的经济、社会与环境效益进行了评价。虽然定性分析能够揭示不同类别收益之间的数量或重要程度的差异，但却难以对各类收益的具体价值进行准确量化。此后，有学者开始尝试运用定量分析方法测算节水灌溉技术的经济收益，如李全新提出，基于水资源用于生态环境建设所产生的价值量来估测节水效益（例如，在确定单位面积林木生长需水量的基础上，根据森林资源的使用价值和生态价值估算节约水量的总价值）（李全新，2009）；褚琳琳从经济、环境、社会三方面构建了节水灌溉技术的综合效益评估指标体系，并采用市场价值法对各项指标进行货币化计量（褚琳琳，2011）；冯颖等（2013）从福利经济学理论出发，运用EDM（Equilibrium Displacement Modeling）法分析了采用节水灌溉技术时的农产品市场均衡，进而结合社会剩余变动量化技术的社会经济效益。上述研究揭示了实施节水灌溉技术的多重重要性，并从既有市场价格出发对节水效益进行了定量分析，但对节水灌溉技术的非市场化收益，如粮食安全、面源污染控制等方面的社会效益，以及环境保护与恢复、休闲娱乐、沙尘天气防控等方面的生态效益，仍存在研究不足。其原因主要在于，节水灌溉技术采用的这部分外部社会生态效益往往不在市场机制的调控范围之内，致使其处在无市场状态下，难以通过既有的市场价格体系对其进行量化。

全面的节水灌溉技术采用收益评估，能够为技术补贴标准核算提供全面可靠的价值依据。基于此，本章一方面将结合市场价格对节水灌溉技术采用所能带来的市场化收益进行量化；另一方面将借助选择实验法（CE），在明确节水灌溉技术采用与社会生态环境改善之间对应关系的基础上构建效益评估指标体系，进而为受访者提供由不同社会生态指标组合而成的备选方案，并通过构建假想市场交易获取受访居民对不同社会生态环境改善方案的支付意愿，最终通过计量经济模型估计测算得到非市场化收益的具体数值。

二 “全收益”的识别

基于第二章中关于“全成本收益”的概念界定可知，农户采用节水灌溉技术所能带来的“全收益”包括私人经济收益和外部社会生态收益两部分，其中私人经济收益是市场化收益，而外部社会生态收益则是非市场化收益。这里，结合滴灌技术的类型和特点，本章将对各类收益中所包含的具体内容做进一步识别，具体如下。

从市场化收益来看，主要是指农户采用滴灌技术所获得的直接经济收益，主要包括灌溉用水量节约、人工成本节约、化肥使用量节约、农产品产量提升等。首先，滴灌技术节水量在30%～50%，因此农户采用滴灌技术后，在灌溉用水方面的支出会有所降低，从而获得一定的节水收益。其次，农户采用滴灌技术后，因不再需要专门的人员负责平地、巡水、导水等工作（相对于传统大水漫灌来说），将会使灌溉所需的人工投入大幅降低。再者，滴灌技术的采用还能够有效降低化肥和农药的使用量，一是借助滴灌设备进行施肥作业，能够大幅提高施肥效果，二是地膜覆盖能够在一定程度上抑制杂草的生长和病虫害的发生。此外，滴灌技术能够根据作物需要进行精准灌溉，对于农产品产量的提升具有明显的促进作用。

从非市场化收益来看，主要是指农户采用滴灌灌溉技术所带来的区域生态环境效益与社会效益，这些收益的受益群体更多的是农户之外的社会个体，因而具有明显的外部性特征。首先，滴灌技术采用后，灌溉用水量会得到大幅节约，农业灌溉所需抽取的地下水也会随之减少，从而带来地下水位的回升，而地下水位的回升也会进一步带来植被覆盖率的提高、绿洲规模的扩大、沙尘天气的减少等，同时也可改善室外的休闲娱乐条件，甚至提高整个流域的生态安全保障程度。其次，如上所述，滴灌技术与水溶肥的配合使用，可以有效提高化肥的使用效率，能够有效降低研究区域的化肥投入量，从而缓解农业面源污染问题，并对区域地表和地下水水质的改善带来积极影响。最后，滴灌技术采用不仅能够有效提升干旱地区的灌溉条件，还能够通过细水漫流缓解大水漫灌造成的土壤板结问题，从而带来耕地质量的提升。此外，滴灌技术能够适时适量地向作物根区供水供肥，灌溉与施肥也更加均匀，同时也能够在一定程度上降低农药施用量，因而具有明显的增产提质效果，对区域粮食安全与农产品质量安全也能够起到更好的保障作用。

三　市场化收益的测算

滴灌技术采用的市场化收益主要包括灌溉用水量节约、灌溉工时节约、化肥农药投入量节约、农产品产量增加等四部分，在具体测算过程中可通过市场上的灌溉水价、劳务费价格、化肥农药价格、农产品出售价格等进行测算，具体如下。

（1）在节约灌溉用水方面。由《民勤县 2016 年水资源分配方案》可知，民勤全县斗口井口平均配水定额为 410 米^3/亩。需要说明的是，由于民勤县地处腾格里沙漠与巴丹吉林沙漠的包夹之中，干旱指数较高，蒸发量大而降雨量少，因此亩均灌溉用水的定额也相对较高。由实地调研数据统计分析可知，民勤县农户每年实际的农田灌溉用水量约为370米^3/亩，这一数值低于配水定额，原因可能是410米^3/亩的定额是按“包产到户”的耕地面积进行分配的，然而由于开荒等原因，农户经营的实际耕地面积可能要多于包产到户的面积，因此每亩的实际灌溉水量要低于定额。根据实际调研情况可知，采用滴灌技术后能够将灌溉用水量压缩到285米^3/亩左右，每亩节约的灌溉用水量约为85立方米。由《武威市人民政府关于深化水价改革的实施意见》（2013年）、《民勤县深化水价改革贯彻实施意见》（2013年）可知，民勤县农业用水地表水为0.24元/米^3、地下水为0.256元/米^3，由《民勤县2016年水资源分配方案》（2015年）可知，民勤县2016年地表水供应量为2.436亿立方米、地下水供应量为1.1552亿立方米。根据上述民勤县地表水和地下水的水价与配置占比，可大致折算得到民勤县农业用水价格约为0.245元/米^3。进一步根据节水量、水价可以计算得到，采用滴灌技术能够为农户带来的水费节约为20.83元/亩。值得注意的是，由第五章电费增加量的计算结果可知，农户采用滴灌技术后电费增加了22.5元/亩，这比采用滴灌技术后节约的水费还要高。因此，在实地调研中，农户也普遍反映“滴灌技术节水不节电”。而且，由于民勤县水费、电费是一并收取的，滴灌技术虽然能够节约用水量，但却增加了耗电量，且电费的增加量还要略高于水费的节约量，因此往往会使农户产生“滴灌技术不节水”的错觉，进而导致其对滴灌技术的印象大打折扣。

（2）在节省灌溉工时方面。根据实地调研情况，以经营60亩耕地的农户为例，若采用大水漫灌的方式种植玉米，每年需要灌溉5次，每次需要2个劳动力3天（按10小时每天计算，下同）才能完成（主要是采取大水漫灌的方式时需要投入大量的人工进行耕地平整、开挖水口、打埂做畦等，而且灌水期间还需要不间断地巡水，以免堵塞或他人偷水等情况发生），以当地每人每天 120 元的劳务费标准计算，总共需要 3600 元的劳动力投入；若采用滴灌技术，每年需要灌溉 9 次，每次仅需 1 个劳动力 0.5 天即可完成，劳务费仅需 540 元。也就是说，相对于传统大水漫灌，采用滴灌技术可节约的灌溉劳务费约为 51 元/亩。

（3）在节省化肥农药方面。根据实地调研情况统计，借助滴灌设备施用尿素，每亩能够节约 24 斤的使用量（肥料节约主要发生在追肥过程中，追肥肥料主要是尿素，该肥料最常用，也易于溶解，可配合滴灌技术使用），按照当年的市场价格进行计算，尿素的市场价格约为 72 元/袋，每袋尿素为 40 公斤，则采用滴灌技术可节约的肥料投入约为 21.6 元/亩。关于农药使用量的节约，由于地膜覆盖是降低农药使用量的主要原因（地膜覆盖能够有效控制杂草生长及部分病虫害的发生），但因民勤县已经实现了地膜的全覆盖，因此不能再将这一收益计入滴灌技术的使用收益之中。原因在于，这里需要统计的是农户因采用滴灌技术而获得的收益，而农药使用量节约不属于农户采用滴灌技术的新增收益。

（4）在增加产量方面。从实地调研情况来看，采用滴灌技术种植的玉米，每亩可增产 100 斤左右，按调研期间 0.69 元/斤的玉米收购均价计算，增产收益约为 69 元/亩。

综上所述，采用滴灌技术每年能够为农户带来的水费节约收益为 20.83 元/亩、工时节省收益为 51 元/亩、化肥节省收益为 21.6 元/亩、农作物增产收益为 69 元/亩，总的私人经济收益为 162.43 元/亩。

四　非市场化收益的测算

（一）非市场化收益的测算方法

本书将借助选择实验法（CE）对滴灌技术实施所带来的非

市场化收益进行量化。目前，CE已被广泛应用于市场营销、环境产品评价、旅游资源管理、公共政策制定等诸多领域，并被公认为最具前景的方法（Beharry－Borg and Scarpa，2010；Doherty and Campbell，2011；Stithou and Hynes，2012）。

1. *研究思路*

借助CE量化非市场化收益的主要思路是通过构建假想市场交易获取受益群体对生态环境改善的支付意愿（Willingness to Pay），并据此计算非市场化收益的价值（Adamowicz et al.，1998）。与传统价值量化方法不同，CE提供了由多个评估指标组合而成的备选方案，更为直观且便于受访者权衡各个生态指标，同时也可灵活计算各指标恢复到不同水平时的效益值（樊辉、赵敏娟，2013；龚亚珍等，2016；谭永忠等，2012）。

根据Hanley等（1998）提出的CE实施步骤，本书构建了滴灌技术采用的社会生态效益评估框架，如图6－1所示：①收集流域水资源量与生态环境状况的历史数据，结合已有研究成果及专家咨询，明确滴灌技术采用的直接影响；②探明这些直接影响所能够带来的社会和生态效益，即滴灌技术采用带来的最终效果；③基于滴灌技术采用的效果分析及相关专家建议，构建科学

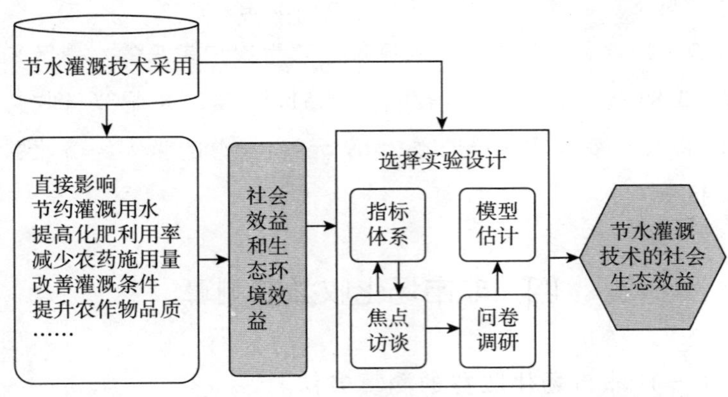

图6－1　节水灌溉技术采用的非市场化收益评估框架

合理的价值评估指标体系；④在焦点小组访谈（Focus Group）的基础上进一步完善指标的选取及描述，使之更易于被受访者理解；⑤基于随机效用理论和正交试验（Orthogonal Experimental）设计CE问卷，并通过入户一对一访问，获得受访者的支付意愿数据；⑥运用Mixed Logit模型估计，测算滴灌技术采用的非市场化收益。

滴灌技术的非市场化收益评估指标是在确定滴灌技术采用与社会生态效益之间量化影响关系的基础上，结合生态学和社会学专家意见，选取具有代表性及居民最为关注的指标，并且，为保证评估指标的科学性、全面性，同时又能够被受访者充分理解，本书通过焦点小组访谈、专家咨询及预调研进行了完善，并要求评估指标能够充分反映滴灌技术所带来的社会生态效益。

2. 计量经济模型

选择实验法的理论基础是随机效用论，其基本假定是个体在做出选择时会遵循效用最大化原则（McFadden，1972；Hensher et al.，2005）。因此，可以将选择问题转化为效用比较问题，用效用的最大化来表示受访者对选择集合中最优方案的选择，并通过构造随机效用函数和参数估计揭示受访者福利变动。假定受访者n从J个方案中选择i方案所获得的效用为（Hensher and Greene，2003）：

$$U_{ni} = V_{ni} + \varepsilon_{ni} \tag{6-1}$$

式（6-1）中：V_{ni}是可观测效用部分，包括被评估对象的各指标对个体选择的影响；ε_{ni}是不可观测效用部分，代表不可观测因素对个体选择的影响。那么，对于所有J个方案，受访者n选择i方案而非j方案的概率可以表示为：

$$P_{ni} = P(U_{ni} > U_{nj}, \forall i \neq j) = P(V_{ni} + \varepsilon_{ni} > V_{nj} + \varepsilon_{nj}, \forall i \neq j) \tag{6-2}$$

具体分析中，受访者 n 选择方案 i 的效用 U_{ni} 如下所示：

$$U_{ni} = \alpha_n ASC_{ni} + \beta_n X_{ni} + \gamma_n WTP_{ni} + \varepsilon_{ni} \tag{6-3}$$

式（6-3）中：ASC（Alternative Specific Constant）为备择常数，用于表示没有治理措施时的基准效用；X_{ni} 和 WTP_{ni} 分别表示方案 i 的评估指标取值和所需支付的成本；ε_{ni} 是指均值为零的随机扰动项，通常假定效用函数的误差项服从类型 I 的极值分布（即 Gumbel 分布）；α_n、β_n 和 γ_n 是反映个体 n 对各指标偏好程度的参数，$\varphi_n =(\alpha_n, \beta_n, \gamma_n)$。那么，受访者 n 在所有 J 个情境中选择方案 i 的 RPL 模型（Random Parameters Logit Model）的概率分布函数为：

$$P_{ni} = \frac{e^{\alpha_n ASC_{ni} + \beta_n X_{ni} + \gamma_n WTP_{ni}}}{\sum_J e^{\alpha_n ASC_{nj} + \beta_n X_{nj} + \gamma_n WTP_{nj}}} = \int \frac{e^{V_{ni}(\varphi_n)}}{\sum_J e^{V_{nj}(\varphi_n)}} f(\varphi_n)\, d\varphi_n \tag{6-4}$$

RPL 模型不同于一般形式的 Logit 模型，模型中的参数可以被设定为特定的分布，而不局限于固定值，因而能够揭示受访者对不同指标偏好的变异性，也更加贴近现实情况。因此，若 α_n、β_n 或 γ_n 被设定为固定参数，则可估计得到其均值，若被设定为随机参数，则可估计得到其均值和标准差。

进一步，通过最大化模拟似然函数估计得出上述偏好方程中各项评估指标的系数与标准差（Train，2009），并根据相关公式计算受访者补偿剩余（Compensation Surplus，CS），如下（Hensher and Greene，2003；Morrison et al.，2002）：

$$CS_i = \frac{1}{\gamma}[(\alpha + \beta X_0) - \beta X_i] = \frac{1}{\gamma}(V_0 - V_i) \tag{6-5}$$

式（6-5）中，CS_i 代表居民对特定改善情景 i 的总体支付意愿；α、β 和 γ 是各指标的系数均值；V_0 是在不采取治理措施时的环境状态，V_i 是采取治理方案 i 后的环境状态。

（二）选择实验问卷设计

1. 评价指标及状态值

根据滴灌技术采用在提高水资源利用效率、降低化肥农药投入量、改善耕地质量与提高农产品质量安全等方面发挥的作用，并结合民勤县实际情况、相关文献、专家意见与预调研，最终确定了4项包含地下水位、流域水质、耕地质量、农产品质量安全在内的生态指标，以及1项支付意愿指标，如表6－1所示。其中，生态指标状态值的设定主要是参考历史数据、科技文献与相关领域专家意见，首先明确实施滴灌技术后这些指标可能达到的状态，并据此设定各指标的状态值；支付意愿指标状态值的设定主要是基于前期预调研，借助开放式的条件价值评估调研（Contingent Valuation Method）直接询问受访者的最大支付意愿，由于多数受访居民的支付意愿在450元以内，根据已有研究经验与等距原则设定了4个状态值。此外，需要说明的是：（1）实施不同强度的节水措施（与采用面积有关）将对生态环境产生不同程度的影响，本书将全部采用滴灌技术视为实施最高强度的节水措施，各生态指标也将达到最佳状态；（2）评估指标均以10年（2016～2026年）为治理期，即为10年后所能达到的状态，例如，“地下水位”中3个状态值的含义分别为，若不采取任何节水措施，10年后平均地下水位将下降至33米，若实施不同强度的节水措施，平均地下水位将得以维持现在的24米，或回升至20米；（3）“支付意愿”状态值的含义分别为，若受访者选择不采取节水措施的方案，则无须付费，若受访者选择实施节水措施的方案，则需要在未来10年的时间里每年付费150元、300元或450元。

表 6－1　非市场化收益评估指标、含义、状态值及选取依据

评估指标	指标含义	状态值	选取依据
地下水位	地下水位回升可提高植被覆盖率、改善休闲娱乐条件、降低沙尘暴发生频率、保障流域生态安全	33 米* 24 米 20 米	民勤县总用水量为 3.403 亿立方米（农业用水占 69.6%），其中地下水占 25.21%（2014 年）。过度抽取地下水已导致民勤县地下水位急剧下降，并带来一系列生态环境问题。有研究表明，滴灌技术可根据作物需水情况进行精准灌溉，并能够最大限度地减少地表蒸发，节水率达到 20%～50%。因此，滴灌技术的推广可有效缓解地下水超采问题，保障生态安全（彭致功等，2012；李江等，2014）
流域水质	良好的水质是居民生产生活、动植物生存的重要保障	劣Ⅴ类* Ⅴ类 Ⅳ类	一方面，滴灌技术可提高肥料的利用率（如水肥一体化技术），减少化肥施用量；另一方面，地膜覆盖可有效控制杂草生长、减少病虫害发生，降低了农药的施用量。因此，滴灌技术可在缓解农业面源污染，改善地表和地下水水质等方面发挥积极作用（方国华等，2004；郭庆人，2012；陈剑等，2014；邢英英等，2015）
耕地质量	良好的耕地质量能够保障正常的农业生产和农田生态功能的发挥	降低* 保持现状	一方面，滴灌技术的采用能够在灌溉水量不变的情况下增加灌溉面积或提升灌溉效果，而灌溉条件则是耕地质量评价的一个重要因素（胡存智，2013）；另一方面，采用滴灌技术时，灌溉水流强度小于土壤的入渗速度，因而不会形成地表径流，可有效缓解旱区耕地因传统漫灌带来的土壤板结问题（靳姗姗，2011）
农产品质量安全	农产品的高产和优质有助于保障区域粮食安全	维持现状* 改善	一方面，滴灌技术可适时适量地向作物根区供水供肥，使得灌溉更加均匀，而地膜覆盖也能很好地调节棵间的温度和湿度，改善作物生长的微气候环境，具有明显的增产保质效果（王洪源、李光永，2010；张彦群等，2015）；另一方面，滴灌技术的采用减少了化肥、农药的施用量及病虫害的发生，提高了农产品的安全程度（尚海庆、王振，2010；陈萌山，2011；郭庆人，2012）
支付意愿	受访家庭每年愿意为相应治理方案支付的金额	0 元* 150 元 300 元 450 元	滴灌技术的实施是有成本的，因此需要受益群体承担一些必要的支出。这些成本并不一定以现金形式呈现，也有可能通过税收、食品价格及生态休闲场所门票等多种形式反映到家庭生活成本上

注：a. 按国家标准，水质从Ⅰ类至Ⅴ类依次降低，其中，Ⅳ类水除适用于农业和部分工业用水外，适当处理后可作生活饮用水；Ⅴ类水适用于农业用水区及一般景观要求水域；劣Ⅴ类水，污染程度超过Ⅴ类水。b. 标＊的为基准状态，是在不采取节水措施的情况下 10 年后将会达到的状态（而非现在的状态）。

2. 选择实验问卷的生成

根据已有研究经验，每份选择实验问卷为受访者提供 3 个选择集，每个选择集中包含 3 个备选方案，如图 6－2 所示。其中，“方案 0”是在不采取节水措施的情况下 10 年后各项评估指标的状态值；“方案 1”和“方案 2”是在实施不同强度节水措施的情况下 10 年后各项评估指标的状态值。那么，排列组合后可能的备选方案有 144 个（3×3×2×2×4，各指标状态值的排列），可能的选择集有 10153 个（C_{143}^2，“方案 0”未进入组合）。若要将如此之多的备选方案全部用于选择实验调研是不现实的，因此，需要从中优选部分具有代表性的选择集（Duke et al.，2012）。本书使用正交实验设计软件“Ngene 1.1.1”进行优选，生成 12 组 36 个选择集，实验设计的有效性检验结果为 D－error 为 0.0403，A－error为 0.0448。进一步，通过对生成结果中存在占优策略的选择集进行调整（Johnston and Duke，2007），最终得到如前所述的 12 个版本的调研问卷。

第三次投票

ID：30

评估指标	方案 0（不采取措施）	方案 1（改善 1）	方案 2（改善 2）
地下水位	**33 米**（下降）	**33 米**（下降）	**20 米**（回升）
流域水质	**劣 5 类**（变差）	**劣 5 类**（变差）	**4 类**（改善）
耕地质量	**降低**（9～10 等）	**保持现状**（7～8 等）	**降低**（9～10 等）
农产品质量安全	变差（60%）	变差（60%）	改善（80%）
您家愿意为此付费（每年）	**0 元**	**150 元**	**450 元**
请选择其中的一项：	□	□	□

图 6－2　选择实验调研问卷示例

最后，结合预调研效果，一方面对各项评估指标的表述进一步优化，确保调研问卷能够被受访者准确无误地理解；另一方面，对调研员进行了专项培训，讲解实验操作过程，说明调研中需要注意的事项，并要求调研员为受访者详细介绍各指标及不同状态值的含义。

（三）计量经济模型估计结果

1. 变量描述统计

由于选择实验调研是对家庭决策过程的模拟，鼓励主要家庭成员通过讨论进行方案选择，因此年龄与受教育年限为主要家庭成员的均值。关于效益评估指标，为使统计结果更能反映受访者的选择偏好，本书仅对被选方案中的指标进行了统计（见表6－2），可以看出：(1) 农村居民组平均年龄高于城镇居民组，而城镇居民组受教育年限则明显高于农村居民组，这与我国农村正在面临的青壮年劳动力外流现象基本相符；(2) 各指标均值均在基准状态以上，表明民勤县居民希望通过实施节水灌溉来改善环境；(3) 城镇居民组对社会生态环境改善的支付意愿高于农村居民组，表明城镇居民相对于农村居民更愿意为实施农业节水灌溉支付一定的费用。

表6－2　样本及指标描述统计

特征/指标		城镇（$n=266$）		农村（$n=332$）	
		均值	标准差	均值	标准差
样本特征	年龄（年）	40.643	11.454	49.633	8.482
	受教育年限（年）	11.515	3.467	7.294	2.983
	家庭规模（人）	3.940	1.186	3.783	1.360
	家庭收入（万元）	4.726	2.508	4.349	2.687

续表

特征/指标		城镇（$n=266$）		农村（$n=332$）	
		均值	标准差	均值	标准差
指标描述	地下水位（米）	25.508	5.526	26.357	5.783
	流域水质	4.950	0.838	5.120	0.868
	耕地质量	-0.575	0.495	-0.636	0.482
	农产品质量安全	0.544	0.498	0.405	0.491
	支付意愿（元）	249.309	142.759	198.946	161.467

注：流域水质中劣Ⅴ类=6，Ⅴ类=5，Ⅳ类=4；耕地质量中降低=-1，保持现状=0；农产品质量安全中维持现状=0，改善=1。

2. RPL模型的估计结果

本书运用Stata 12.0对RPL模型进行仿真似然估计，结果如表6-3所示。模型估计时的相关假定如下：（1）将地下水位、流域水质、耕地质量和农产品质量安全的系数设定为随机参数，估计得到其均值和标准差；（2）将支付意愿的系数设定为固定参数（Hensher and Greene，2003；Train，2009），从而估计得到其均值；（2）备择常数*ASC*反映的是受访者选择“方案0”时的基准效用水平，设定为固定参数（Duke et al.，2012），从而估计得到其均值；（3）由于城乡居民在生态意识和支付能力等方面存在较大差异性，为满足前述随机参数假定，将城乡居民组分别进行估计（史恒通、赵敏娟，2015）。

表6-3 RPL模型估计结果

待估参数	城镇（$n=266$）		农村（$n=322$）	
	系数	标准误	系数	标准误
M.（地下水位）	-0.213***	0.040	-0.534***	0.107
M.（流域水质）	-1.260***	0.271	-2.249***	0.483
M.（耕地质量）	0.584*	0.304	1.735***	0.580
M.（农产品质量安全）	2.252***	0.445	2.715***	0.613
M.（支付意愿）	-0.009***	0.002	-0.022***	0.004

续表

待估参数	城镇（n = 266）		农村（n = 322）	
	系数	标准误	系数	标准误
M.（*ASC*）	−1.436***	0.417	1.210*	0.638
S. D.（地下水位）	0.226***	0.050	0.567***	0.112
S. D.（流域水质）	1.875***	0.378	3.408***	0.633
S. D.（耕地质量）	2.477***	0.550	5.004***	1.084
S. D.（农产品质量安全）	3.145***	0.596	4.486***	0.902
LR chi^2（4）	148.120		435.590	
Log likelihood	−597.254***		−723.586***	

注：*、**、*** 分别代表10%、5%、1%的显著性水平；均值记为M.，标准差记为S. D.。

从模型整体拟合效果来看，两组模型的卡方统计量均在1%的水平下显著，表明具有统计学意义上的显著性。在随机参数中，地下水位和流域水质的均值显著为负，耕地质量和农产品质量安全的均值显著为正，表明上述指标的改善能够提升受访者的效用水平。固定参数中，支付意愿的均值显著为负，表明支付成本与效用水平负相关，体现了受访者更愿意通过更少的资金获得更大的环境效益，符合理性人假设；城镇居民组 *ASC* 均值在1%的水平下显著为负，表明城镇居民倾向于拒绝“方案0”，而农村居民组 *ASC* 均值在10%的水平下显著为正，表明“方案0”也是农村居民可以接受的。此外，参数均值反映了受访者对各指标的相对偏好程度，例如：城镇居民组中，地下水位和流域水质的参数均值分别为−0.213和−1.26，表明在其他条件不变情况下，流域水质提升1个单位（如从劣V类到V类）对城镇居民效用的影响约为地下水位提升1米的6倍。从随机参数的标准差来看，两组模型的参数标准差均通过了1%水平的显著性检验，表明城乡居民对各指标的偏好存在明显的异质性，同时也显示出RPL模型在处理异质性偏好问题方面所具有的灵活性，因而更加贴近现实。

（四）非市场化收益的测算结果

补偿剩余反映了流域居民为改善生态环境的平均支付意愿，即滴灌技术采用带来的非市场化收益。若假设在民勤全县范围内实施膜下滴灌技术，10 年之后各项评估指标能够恢复到本书设计的最佳状态，则地下水位回升至“20 米”、流域水质改善为“Ⅳ类”、耕地质量能够“保持现状”、农产品质量安全“改善”。那么，根据表 6－3 估计结果计算得到，在此以后 10 年，城镇居民平均每年愿意为此支付 1006.99 元，农村居民平均每年愿意为此支付 661.36 元。由《中国县域统计年鉴 2013》数据可知，2012 年年末，民勤县城镇和乡村户数分别为 12998 户和 57266 户，计算得到滴灌技术采用的非市场化收益总额为 50.96×10^6 元。根据《2015 年民勤县国民经济和社会发展统计公报》数据，2015 年民勤县全年农作物播种面积为 72.67 万亩。目前，民勤县全县累计已建成高效节水灌溉（包括喷灌、滴灌等）面积 54.2 万亩（宋振峰，2015）。那么，未来 10 年，如果民勤县能够在现有基础上，将剩余未实施高效节水灌溉的农田，以滴灌技术的形式加以覆盖，则单位播种面积每年的非市场化收益为 275.91 元。

五　本章小结

本章在识别滴灌技术采用的“全收益”的基础上，一方面借助市场价格测算了滴灌技术采用能够为农户带来的私人经济收益，另一方面借助选择实验法（CE）构建了滴灌技术采用的非市场化收益评估指标体系，并通过问卷设计、实地调研和模型估计对非市场化收益进行测算，主要结论如下：在市场化收益方面，农户采用滴灌技术所能获得的水费节约、工时节约、肥料节约、农作物增产四部分市场化收益分别为 20.83 元/亩、51 元/

亩、21.6元/亩、69元/亩，市场化收益总额为162.43元/亩。在非市场化收益方面，各评估指标的估计结果与预期相符，表明民勤县居民希望通过实施滴灌技术来改善区域生态环境，同时也表明，滴灌技术采用的非市场化收益明显。若民勤县能够在现有基础上，将未实施高效节水灌溉技术的农田以滴灌技术的形式加以覆盖，并使各项评估指标恢复到本书设计的最佳状态，则此后10年城镇居民平均每年愿意支付1006.99元，高于农村居民的661.36元，表明城镇居民改善当前环境状态的意愿更为强烈。进一步计算得到，如果民勤县能够实现滴灌技术的全面覆盖，则每年能够带来的非市场化收益总额为50.96×10^6元，单位播种面积的非市场化收益为275.91元。

第七章

补贴政策实施方式的农户偏好分析

准确把握农户对节水灌溉技术补贴政策实施方式的偏好，并将其纳入政策设计之中，可使相应的补贴政策更易被农户接受，也有助于提高财政资金配置的针对性和效率，进而提升补贴政策的整体实施效果。本章研究的主要目的在于，通过农户层面的政策参与模拟实验与计量分析，揭示其对节水灌溉技术补贴政策的偏好情况，具体内容包括：(1) 政策参与模拟的实验流程设计与计量经济模型构建；(2) 滴灌技术补贴政策属性的识别及水平值设定，并在此基础上设计由关键政策属性构成的多种备选政策情境，以分别代表不同的备选政策实施方式，也就是选择实验的调研问卷；(3) 通过政策参与模拟收集农户政策偏好数据；(4) 借助计量经济模型分析，揭示农户对不同政策实施方式的偏好程度。

一　问题的提出

2016 年 11 月，财政部、农业部联合印发的《建立以绿色生态为导向的农业补贴制度改革方案》中更为明确地提出，构建促进农业资源合理利用与生态环境保护的农业补贴政策体系和激励约束机制，进一步提高农业补贴政策的指向性、精准性和实效性。节水灌溉技术可以在大幅提升灌溉用水效率的同时，有效缓解旱区农业用水对生态用水的挤占。除此之外，节水灌溉技术的实施还能实现化肥农药的高效利用，从而减少农业污染的排放，缓解农业生产带来的面源污染问题。因此，节水灌溉技术的大范围推广对于灌溉水资源的合理利用，以及区域生态环境的保护与修复均具有重要意义，针对节水灌溉技术的补贴政策设计与优化也应该作为我国农业补贴政策体系构建，以及“以绿色生态为导向的农业补贴制度改革”的一部分重要内容。

前文中，通过对现行节水灌溉技术补贴政策的激励效果分析，我们发现现行补贴政策虽然是影响农户节水灌溉技术采用意愿的最关键因素，但其对农户的激励作用却非常有限。也就是说，农户对节水灌溉技术补贴政策表现出来的更多的是“依赖性”（从第五、第六章成本收益的测算结果我们大致可以看出，农户采用滴灌技术所能获得的私人净收益为 -240.95 元/亩，即技术采用的私人经济收益与私人成本之差，因此在没有补贴政策扶持的情况下农户不会自发采用该技术，这也是农户对技术补贴政策具有高依赖性的最直接的原因之一）。但目前来看，现行补贴政策并不能够带给农户足够的激励（第四章分析结果表明，农户在采用节水灌溉技术后，对现行技术补贴政策的满意度有所降低），从而在一定程度上挫伤了农户技术采用的积极性。因此，为使节水灌溉技术补贴政策能够产生应有的效果，有必要对现行补贴政策进行调整和优化。

那么，未来节水灌溉技术补贴政策应该如何设计与优化？如何才能达到理想的激励效果？前文理论分析中，我们分析了将农户政策偏好纳入补贴政策的设计与优化中对于提升农户响应程度与政策实施效果的重要性。因此，在本章研究中，我们将研究重点放在农户补贴政策偏好的揭示方面，并将其作为后续补贴政策设计与优化的重要参考依据。在具体操作层面，本章将借助偏好研究的前沿方法——选择实验法（CE），通过农户层面的政策参与模拟与量化分析，揭示其对节水灌溉技术补贴政策的偏好情况。虽然，选择实验法能够弥补描述性统计、Probit 回归、Logit 回归等分析方法在偏好揭示方面存在的多方面不足，但在选择实验的具体实施过程中还面临以下困难：一是，如何针对滴灌技术及其特定的实施环境，设计适用的选择实验问卷及实验方案？二是，滴灌技术补贴政策的实施方式中具体应该包含哪些内容？如何在选择实验问卷中得以体现？三是，虽然选择实验法在研究西方国家农场主政策偏好时得到了较为成熟的应用，但将该方法应用于我国农户政策偏好的研究时，如何克服可能存在的农户认知障碍？接下来，本章将对上述问题进行一一作答。

二　农户对政策实施方式偏好的揭示方法

（一）选择实验流程

结合 Hensher 等（2005）提出的选择实验法实施步骤，本书设计了政策参与模拟的实验流程（如图 7－1 所示）：①确定实验目的；②借助文献收集、专家咨询、焦点小组访谈（Focus Group）及预调研，确定相关的政策属性及其水平值；③结合已有研究经验确定实验的基本样式（如每组实验中选择集的个数，以及每个选择集中备选政策的个数），并基于随机效用理论确定效用函数的形式；④通过正交试验设计（Orthogonal Experimental Design）生成具有代表性的备选政策、选择集和实验组合，并对存在占优策略（Dominant Strategy）的选择集进行调整；⑤再次通过专家咨询、焦点小组访谈和预调研优化选择实验问卷，并在正式调研前进行调研员培训。

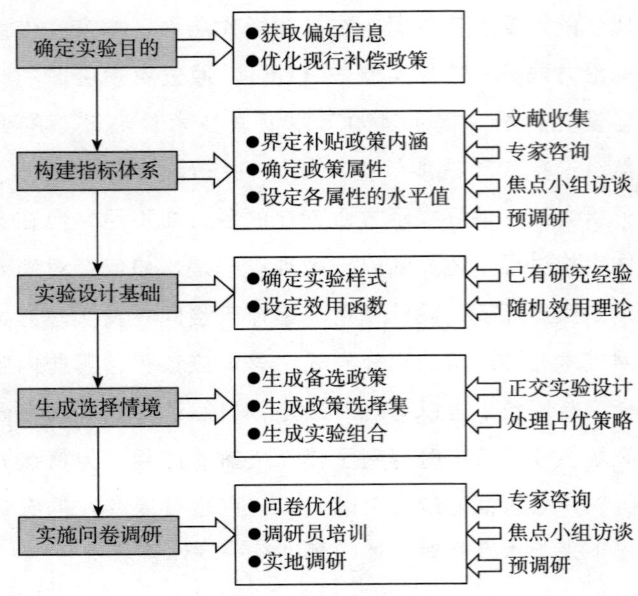

图 7-1　政策参与模拟的实验流程

（二）计量经济模型

选择实验的理论基础是随机效用理论，其基本假定是理性个体会选择效用最大的备选项（McFadden，1972；Hensher et al.，2005）。因此，可以将政策选择问题转化为效用比较问题，以效用的最大化来表示实验参与者对选择集中最优备选政策的选择，并通过构造随机效用函数及其参数估计来揭示实验参与者的福利变动。假设实验参与者 n 从选择集 T 中选择备选政策 i 的效用为 U_{ni}，表示为（Hensher and Greene，2003；姚柳杨等，2017）：

$$U_{ni} = V_{ni} + \varepsilon_{ni} \tag{7-1}$$

公式（7-1）中，V_{ni}是效用的可观测部分；ε_{ni}是不可观测的随机效用，代表不可观测因素对农户政策选择的影响，其概率密度函数记为$f(\varepsilon)$，并通常假设其服从类型 I 的极值分布（Gumbel 分布）。根据效用最大化理论，对于任意 $i \neq t$，当 $U_{ni} > U_{nt}$时，实验参

与者 n 将会选择备选政策 i 而非备选政策 t，其概率可以表示为：

$$P_{ni} = prob(U_{ni} > U_{nt}) = prob(V_{ni} + \varepsilon_{ni} > V_{nt} + \varepsilon_{nt}) \quad \forall i \neq t, i \in T, t \in T \tag{7-2}$$

假设效用的可观测部分 V_{ni} 为线性函数，则可进行如下表达（McFadden，1972）：

$$V_{ni} = \alpha ASC + \sum_{k=1}^{K} \beta_k X_{nik} + \sum_{q=1}^{Q} \gamma_q (ASC \times Z_{nq}) \tag{7-3}$$

公式（7－3）中，ASC（Alternative Specific Constant）为备择常数，用于表示实验参与者选择“不参与”时的基准效用，当实验参与者选择“不参与”时，ASC 赋值为 1，当选择任一备选政策时，赋值为 0。因此，当 ASC 的系数 α 为负值时，表明实验参与者更愿意参与补贴政策。X_{nik}是实验参与者 n 所选的政策 i 的第 k 个属性，K 为政策属性的个数，β_k 则反映实验参与者对第 k 个政策属性的偏好程度。Z_{nq}是实验参与者 n 的第 q 个社会经济特征变量，Q 为社会经济特征变量的个数，$ASC \times Z_{nq}$是备择常数与社会经济特征变量的交互项，其系数 γ_q 为负说明社会经济特征变量对政策参与意愿有正向影响。

在具体的模型设定方面，选择实验常用的假设模型有 MNL 模型（Multinomial Logit Model）和 RPL 模型（Random Parameters Logit Model）。RPL 模型假定实验参与者具有异质性偏好，政策属性的系数 β 通常被设定为服从某一特定分布，而不局限于 MNL 模型中的确定值，因此更加贴近现实情况。在 RPL 模型假定下，实验参与者 n 从 T 个备选政策中选择政策 i 的概率可以表示为（Train，2003）：

$$P_{ni} = \int \frac{\exp(V_{ni})}{\sum_{t=1}^{T} \exp(V_{nt})} f(\beta)\, d\beta \quad i \in T, t \in T \tag{7-4}$$

此外，RPL 模型进一步放宽了 MNL 模型的“独立同分布”

(Independent and Identically Distribution) 假定，且满足“无关备择选项的独立性”(Independence of Irrelevant Alternatives)，从而避免可能出现的结果偏误，这也是本书采用 RPL 模型进行估计的原因所在。

进一步，通过对各政策属性的隐含价格（Implicit Price，IP）估计，可以对比不同政策属性对实验参与者的相对重要性。隐含价格实质上是两个政策属性间的边际替代率，通常以货币化的政策属性（如工时补贴标准）为基准进行计算。基于货币化政策属性系数计算得到的隐含价格与市场上的商品价格类似，使非货币化政策属性的市场价格得以体现，也增强了非货币化政策属性偏好之间的可比性，以及模型估计结果的可读性。由此，政策属性 k 的隐含价格可以表示为：

$$IP_k = \beta_k / \beta_{money} \tag{7-5}$$

公式（7-5）中，IP_k 反映的是第 k 个政策属性的隐含价格，即政策属性 k 提升或下降一单位时，能够为实验参与者带来的货币化效用的增加量或减少量；β_{money} 是以货币计量的政策属性的系数；β_k 是不以货币计量的政策属性 k 的系数。

三　政策参与模拟的实验设计

为实验参与者营造完整、直观的选择情境能够缩减模拟实验与真实世界之间的差距，从而提高实验数据的有效性，对于选择实验的成功实施非常关键。因此，本书政策情景设计中包含了补贴政策的全部属性，即不仅包括补贴政策的实施方式，同时也包括补贴标准的相关内容。需要说明的是：（1）这里所说的“补贴标准”内容较为宽泛，如提供配套的耕地整理措施、提供技术指导等都需要财政资金的支持，因此都应被纳入补贴标准所涵盖的范围之内，而不仅指后文政策情境中设计的“工时补贴标准”；

（2）由于补贴政策的各属性之间相互独立，因此补贴标准的存在不会对政策实施方式估计与分析产生影响。此外，补贴标准的存在，不仅保证了政策情境设计的完整性，同时还能够作为货币化的价值标准来衡量其他政策属性的隐含价格［如公式（7－5）所示］，这也是本书在政策情境中加入补贴标准的另一原因所在。

（一）政策属性及其水平值设定

在文献梳理、焦点小组访谈及实地预调研的基础上，以经济激励型环境政策设计原则为指导（潘丹，2016；王红梅、王振杰，2016），并通过与相关领域政策研究专家和地方政府部门管理人员的探讨，本书最终确定了设备补贴形式、工时补贴标准、耕地整理和技术指导四项政策属性及其水平值，具体如下。

（1）设备补贴形式。滴灌技术采用所需的设备包括水泵、过滤器、压力罐、施肥罐、输水管道、阀门、毛管、滴头等。预调研发现，一些农户认为这种实物形式的设备补贴可省去自行挑选和购买滴灌设备带来的不便，因而对其有较强偏好。但也有农户认为，由政府统一采购的节水设备可能存在质量与适应性问题，不一定适合自家种植结构与耕地状况，因而更偏好于现金形式的设备补贴。基于此，本书为这一政策属性设定了“补贴实物”和“补贴现金”两个水平值。其中，补贴实物是指由政府统一采购节水设备，之后发放给农户；补贴现金是指由农户自行购置节水设备，之后根据农户实际采用面积予以相应补贴。

（2）工时补贴标准。虽然膜下滴灌技术采用能够为农户带来节水、省工、省肥、增产等方面的经济效益，但在设备铺设、维修、回收环节，也会产生一定的额外工时。从预调研结果来看，部分农户认为，膜下滴灌技术采用所带来的收益难以弥补其额外工时成本，这也是受访农户不愿采用该技术的主要原因。因此，未来政策不仅要关注设备购置成本，同时也要对技术采用过程中产生的额外工时予以重视。关于工时补贴标准的设定，本书借助了开放式的条件价值评估法进行预调研，通过直接询问获知受访农户采用膜下滴灌技术的最低受偿意愿多集中在150元以内。根据等距原则，并结合政府工作人员及相关领域专家的意见，本书最终设定了“50元/（亩·年）”、“100元/（亩·年）”和“150元/（亩·年）”3个等级。

（3）耕地整理。大块、平整的耕地更利于膜下滴灌技术的田间管理与操作，也便于大型机械在设备铺设和回收环节中的应用，因此地块的大小及是否平整将直接影响到农户技术采用的便捷性与效果。如果地块过于起伏和琐碎，不仅会影响滴灌技术的使用效果，也会为田间管道的铺设带来不便，最终影响农户技术采用的积极性。此外，从规模经济的角度来看，耕地的规模化经营也能够摊薄新技术采用所带来的部分额外成本，从而获得更多的规模经济效益。这里的耕地整理是指，在膜下滴灌技术实施前，将分散、细碎、不平整的耕地合并为大块、平整的耕地。目前来看，研究区域不仅获得了高效节水项目的资助，同时也得到了一些耕地整理项目的支持，但两者并未形成很好的配合。预调研了解到，对于前期实施过耕地整理项目的村庄，农户普遍反映，膜下滴灌技术的使用效果较好。因此，本书为这一政策属性设定了“有耕地整理”和“无耕地整理”两个水平值，以揭示农户对耕地整理项目的偏好程度。其中，“有耕地整理”即膜下滴灌技术与耕地整理项目的配套实施。

（4）技术指导。技术指导是指政府为采用膜下滴灌技术的农户提供技术支持，包括开展技术培训和田间示范，提供技术咨询等。技术指导能够为农户了解和掌握相关技术信息提供机会，并有助于降低技术采用风险。高效节水灌溉技术的实施过程相对于传统灌溉技术更为复杂和烦琐，特别是在设备检修、故障排除等环节，对于一些专业性不强的农户来说，适当的技术培训与田间示范可能是非常必要的。预调研发现，由于不同农户获取技术信息和掌握新技术的能力存在差异，因而对技术指导表现出一定的偏好差异。其中，一些农户认为，在采用新技术前获得一定的指导非常必要，但也有农户认为，膜下滴灌技术虽然操作烦琐，但掌握起来还是较为容易的，并不需要太多培训。为揭示农户对技术指导的偏好程度，本书设定了“无技术指导”和“有技术指导”两个水平值。

最后，需要特别说明的是：根据第五、第六章成本收益的测算结果，以及第二章中补贴标准的计算公式，我们大致可以知道滴灌技术的最终补贴标准可能会落在200～300元/亩的范围内。那么，为什么这里的政策情境设计中“工时补贴标准”却只有50元/亩、100元/亩、150元/亩3个水平值？是否存在偏低的可能？回答这个问题要从“补贴标准”与“工时补贴标准”在概念上的差别入手（前面已经进行过解读，这里不再赘述），前者涵盖的范围更广，后者只是前者的一部分。具体来看，有以下两点。一方面，“设备补贴形式”这一政策属性不仅要求农户对设备补贴的具体形式进行选择，同时还包含了“要对农户采用节水灌溉技术的工程建设成本进行全额的补贴”这一内容（这主要是因为研究区域受到多项政策的资助，在滴灌技术推广过程中政府承担了全部的滴灌工程建设成本，如此设计指标更贴近实际情况，也更容易被受访农户接受）。根据前文设备成本的测算结果，建设滴灌工程初始的技术补贴为95元/亩，也就是说，在“设备补贴形式”这一政策属性中已经隐含了95元/亩的补贴。另一方面，除设备补贴与工时补贴外，“耕地整理”与“技术指导”中也隐含着一部分补贴，因为这些辅助项目的实施同样需要补贴资金的支持。换一个角度来看，耕地整理项目的实施能够减轻农户因自行整理耕地所要承担的额外成本，技术指导项目的实施则能够为农户减轻一部分学习成本和信息收集成本。

（二）选择实验问卷

选择实验问卷设计是将不同水平的政策属性组合成直观的备选政策、选择集及实验组合。根据已有研究经验，本书每组实验中包含2个选择集（每个受访农户将接受2次独立的选择实验），每个选择集中包含2个备选政策（Rolfe and Bennett，2009）。那么，可能的备选政策有24个（2×3×2×2），可能的选择集有276个（C_{24}^{2}），可能的实验组合约37950个（C_{276}^{2}）。若将上述各组实验全部模拟1次，则需要37950个实验对象。因此，若对全部可能的实验组合进行多次模拟实验，将耗费大量的人力物力，难以实现。

针对上述问题，本书采用实验设计软件"Ngene 1.1.1"进行正交实验设计，优选出部分具有代表性的实验组合（Duke et al.，2012）。最终，共生成12个选择集，即6个实验组合，正交实验的有效性检验结果为D-error为0.0553，A-error为0.375。进一步，逐一检验各选择集及实验组合的合理性，并对存在占优策略的选择集进行调整。图7-2是一个选择集的示例，"政策1"和"政策2"分别代表不同的备选政策。根据Adamowicz等（1998）的研究，在省略"不参与"选项的情况下，如果所有补贴政策均无吸引力，受访农户将很难做出有效选择。因此，本书问卷中加入了"不参与"这一选项，表示受访农户不参与以上任何一个补贴政策。

此外，选择实验成功实施的前提条件是受访农户能够准确无误地理解选择实验问卷，因此本书采取以下措施保障选择实验的有效性：①结合预调研效果，对政策属性的表述做进一步优化，并要求调研员为受访农户详细介绍各政策属性及其不同水平值所代表的含义，确保调研问卷能够被受访农户准确理解；②选择实验问卷采用了图文结合的形式（见图7-2），使备选政策情境更

第二次选择

政策 内容	政策 1	政策 2	不参与
设备补贴形式	补贴现金	补贴实物	不参与补贴政策（以上都不选）
工时补贴标准	50 元/（亩·年）	150 元/（亩·年）	
耕地整理	有整理	无整理	
技术指导	无指导	有指导	
请选择其中一项：	□	□	□

图 7－2　选择实验问卷示例

加形象，增加了实验的趣味性，同时也更便于受访农户理解；③每份问卷仅包含两次选择实验，以避免受访农户因多次重复实验而产生疲劳感；④在问卷中引入“双重误差控制机制”，先由受访农户对问卷理解程度和完成态度进行自我评价，再由调研员对受访农户的配合程度、认真程度和理解程度进行评价，从而为甄别选择实验的有效性提供依据；⑤正式调研前，对调研员进行了专业培训，为其详细讲解了选择实验的操作流程及注意事项，保证了选择实验调研的规范性。

四 样本与变量描述

实地调研共完成问卷154份，每份问卷包含2次选择实验。进一步，根据前述“双重误差控制机制”剔除无效问卷18份，最终得到有效问卷136份，即272次有效实验，有效率为88.31%。RPL模型中涉及的变量包括政策属性与农户社会经济特征两部分，其定义、赋值及描述性统计结果如表7－1所示。其中，政策属性的选取依据前文已有介绍，不再赘述，从描述统计结果来看，四个政策属性的均值均在最低水平值以上，表明受访农户具有调整现行补贴政策的基本需求。农户社会经济特征变量包括户主个体特征、家庭特征和心理认知三个方面，具体如下。

表7－1 政策属性与农户社会经济特征变量描述统计

政策属性/变量	变量定义及赋值	均值	标准差
设备补贴形式	补贴实物＝0；补贴现金＝1	0.34	0.47
工时补贴标准	50元/亩；100元/亩；150元/亩	64.89	62.46
耕地整理	无耕地整理项目＝0；有耕地整理项目＝1	0.40	0.49
技术指导	无技术指导＝0；有技术指导＝1	0.35	0.48
年龄	2016年户主实际年龄（年）	50.83	10.73
受教育程度	户主受教育年限（年）	8.51	3.37
抚养比	非劳动年龄人口数与劳动年龄人口数之比	0.73	0.65
村干部	家庭成员中是否有村干部（无＝0；有＝1）	0.07	0.26
礼金支出	近三年平均的人情随礼支出（千元）	4.99	4.59
农业收入占比	近三年农业收入占家庭总收入的比例（100%）	5.43	2.85

续表

政策属性/变量	变量定义及赋值	均值	标准差
最大地块面积	2016 年农户经营耕地中面积最大的地块（亩）	6.11	9.63
技术认知	对膜下滴灌技术使用便利性的评价（非常麻烦 = 1；比较麻烦 = 2；一般 = 3；比较方便 = 4；非常方便 = 5）	3.48	1.53
使用经历	近五年是否采用过膜下滴灌技术（否 = 0；是 = 1）	0.60	0.49
政策满意度	对现行膜下滴灌技术补贴政策的满意程度（非常不满意 = 1；比较不满意 = 2；一般 = 3；比较满意 = 4；非常满意 = 5）	2.73	1.37

注：为使政策属性的统计结果更能反映受访者选择偏好，本表仅统计了被选方案中的属性指标值。

（1）户主个体特征变量。已有研究表明，年龄和受教育程度能够在很大程度上影响农户获取和理解相关信息的能力（李海燕、蔡银莺，2014；Bonabana – Wabbi，2002）。因此，这类因素可能会影响农户对节水灌溉技术补贴政策信息的获取和理解，并最终影响其政策参与意愿。从描述统计结果来看，样本农户户主年龄集中在 40 ~ 60 岁，平均受教育年限约为 8.5 年。

（2）家庭特征变量。抚养比反映的是农户家庭负担状况，样本农户抚养比在 0.7 左右。村干部作为我国行政管理体制中的基层领导者，能够先于普通农户接触到政策信息，并在政策执行过程中发挥表率作用，样本农户家中有村干部的占比不到 10%。广泛的互惠型社会网络有助于农户接触政策信息，提升其社会参与的积极性（乔丹等，2017b）。受我国传统文化影响，在重要节日和婚丧嫁娶时互赠礼品及礼金是亲友间交往的重要方式之一，因此本书采用礼金支出这一指标反映农户社会网络的广泛性（易行健等，2012）。农业收入占比能够反映农户对这部分收入的依赖性，而不同依赖程度的农户对改善生产条件、优化现行补贴政策的迫切程度可能不同。经营规模提升对农户节水灌溉技术采用有积极影响（刘红梅等，2008；许朗、刘金金，2013），因此耕地规模较大的农户可能更倾向于参与补贴政策。当然，这一结论可能是基于耕地细碎化程度较低的情况，如果细碎化程度过高则未必能够成立（徐涛等，2018a）。实地调研发现，研究区域民勤县存在在较为严重的耕地细碎化问题，样本农户平均经营总面积达到了20.99亩，但平均地块面积在2亩以下的农户占到了63.5%，平均地块面积在3亩以下的农户占了76.35%。造成这一问题的主要原因可以归结为以下两个方面：一是，“家庭承包制”推行过程中按人口或劳动力对农村不同质量等级的耕地进行了平均分配；二是，为便于传统灌溉（如，漫灌等），农户大多把土地整理成0.5～2亩的小块。在耕地细碎化较为严重的情况下，农户技术采用可能更多地取决于家中最大地块的面积，因此本书采用最大地块面积来反映耕地条件这一影响因素。

（3）心理认知变量。一方面，技术的易用性、有用性和成本收益是农户关注的焦点，这些认识也会随着农户技术采用经历不断修正与强化，并在很大程度上影响其对补贴政策的需求。另一方面，农户对现行补贴政策的满意程度也可能对其补贴政策参与产生影响。因此，本书实证分析中纳入了技术认知、使用经历与政策满意度三方面认知变量。从描述统计结果来看，约60%的农户有使用经历，多数农户认为膜下滴灌技术使用较为方便，但对现行补贴政策的满意度不高。

五　农户对政策实施方式偏好的实证分析

（一）RPL模型的估计结果与分析

本书运用Stata 14.0统计软件进行计量分析，采用Halton算法将样本数据抽取500次进行回归估计，结果如表7－2所示。由于RPL模型能够设定各政策属性的系数形式，若被设定为固定值，则通常意义上仅可估计得到系数均值，若被设定为服从某一特定分布，则可同时估计得到系数的均值和标准差。根据已有研究经验，*ASC*、货币形式的政策属性（即工时补贴标准）、交互项的系数被设定为固定值，而其余政策属性的系数被设定为服从正态分布（Duke et al.，2012）。RPL 模型估计结果具体如下。

首先，从补贴政策实施方式来看。设备补贴形式与技术指导的系数均值均不显著，但系数标准差均通过了 1% 水平的显著性检验。若仅从系数均值来看，可能得到如下研究结论：设备补贴无论是以实物形式还是现金形式发放，以及有无技术指导并不会影响受访农户参与补贴政策时的效用水平，即受访农户对设备补贴的具体形式及有无技术指导不存在偏好差异。但是，若结合系数标准差进行分析，则可能得到不同的结论：受访农户对以上政策属性存在显著的异质性偏好，并且这种异质性偏好很可能体现为“反向性”，以设备补贴形式为例，有的农户可能偏好于实物形式的设备补贴，而有的农户则可能更偏好于现金形式的设备补贴，这种反向的偏好差异最终导致其系数均值不显著。因此，若仅参考系数均值的估计结果，则可能导致未来政策设计难以体现农户偏好，忽略其差别化需求。耕地整理的系数均值和标准差均达到了 5% 的显著性水平，表明受访农户对耕地整理有同向偏好，只是在偏好强弱上存在一定差异，同时也表明，耕地整理项目与膜下滴灌技术推广的配套实施，有助于农户接受补贴政策并采用节水灌溉技术。此外，上述结果也印证了 RPL 模型关于偏好异质性的假定具有合理性，因而更加贴近现实情况，若采用 MNL 模型进行估计，则可能导致上述偏好信息的损失，甚至可能误导研究结论。

其次，从 *ASC* 与工时补贴标准来看。*ASC* 的系数均值在 1% 的水平下显著为正，表明受访农户更倾向于选择“不参与”膜下滴灌技术补贴政策。也就是，从补贴政策整体来看，在“参与”

与“不参与”之间，受访农户更偏好于后者。*ASC* 反映的是受访农户对补贴政策的偏好情况，这一结果与第四章关于政策激励效果的分析结果一致。结合实地调研，产生这一结果的原因可能在于，民勤县耕地细碎化和盐碱化程度相对较高，受访农户对膜下滴灌技术的实际使用效果存有的顾虑，加之农户风险规避意识较强，且自身风险承受能力有限，因此在接受政策选择实验时，存在一定的抵触情绪，而更偏好于选择“不参与”补贴政策这一选项。工时补贴标准的系数均值在 5% 的显著性水平下显著，且符号为正。这一结果表明，针对膜下滴灌技术采用产生的额外工时进行适当补贴，将有助于提升农户政策参与意愿。

表 7－2　RPL 模型估计结果

政策属性/变量	系数	标准误	95% 置信区间	
			下限	下限
ASC	26.236***	9.710	7.205	45.267
工时补贴标准	0.020**	0.009	0.002	0.037
M.（设备补贴形式）	－0.503	1.128	－2.713	1.707
M.（耕地整理）	2.477**	1.191	0.142	4.812
M.（技术指导）	0.758	1.037	－1.275	2.791
S. D.（设备补贴形式）	6.942***	2.513	2.017	11.866
S. D.（耕地整理）	5.441**	2.165	1.198	9.684
S. D.（技术指导）	7.091***	2.570	2.054	12.129
ASC×年龄	－0.201**	0.099	－0.396	－0.007
ASC×受教育年限	－0.301	0.221	－0.735	0.133
ASC×抚养比	－2.468*	1.303	－5.022	0.086
ASC×村干部	－8.355	5.294	－18.730	2.021
ASC×礼金支出	0.293	0.198	－0.094	0.681
ASC×农业收入占比	－0.521*	0.299	－1.106	0.065
ASC×最大地块面积	－0.412**	0.202	－0.808	－0.016
ASC×技术认知	－2.046**	1.000	－2.504	2.853

续表

政策属性/变量	系数	标准误	95%置信区间	
			下限	下限
ASC×使用经历	0.174	1.367	-4.007	-0.086
ASC×政策满意度	-0.432	0.575	-1.560	0.696
Log likelihood = -198.755		LR χ^2 (3) = 73.73***		

注：*、**、*** 分别表示10%、5%、1%的显著性水平；M. 与 S. D. 分别表示正态分布的均值和标准差。

此外，从*ASC*与社会经济特征的交互项来看。农户个体及家庭特征中年龄、抚养比、农业收入占比、最大地块面积与*ASC*交互项的系数至少在10%的水平下显著为负，表明户主年龄越大、家庭抚养比越高、农业收入占比越高、最大地块面积越大的农户更偏好于选择参与补贴政策；受教育程度、村干部、礼金支出与*ASC*交互项的系数不显著，表明以上因素对农户政策参与偏好并无影响。同时也不难看出，以上不显著的因素均与农户技术信息获取有关，原因可能在于，膜下滴灌虽是一项新技术，但对农户来说，技术信息相对容易获取和掌握，因此信息获取并不会对其技术采用和补贴政策参与偏好产生影响，这与前文技术指导系数均值不显著的估计结果相吻合。从农户心理认知来看，技术认知与*ASC*交互项的系数在5%的水平下显著为负，表明农户对膜下滴灌技术的评价越高，其选择参与补贴政策的偏好越强；使用经历、政策满意度与*ASC*交互项的系数不显著，表明两者对农户政策参与偏好并无影响。同时，这一结果也间接表明，本书营造的实验情境贴近现实，受访农户在进行政策选择时也经过了认真考虑，并未受到以往使用经历及现行补贴政策的干扰。

（二）不同政策实施方式的隐含价格测算

在前一小节中，我们借助RPL模型估计，得到了效用函数中不同政策实施方式的估计系数，从而了解了农户对不同政策实施方式的偏好情况，以及农户间可能存在的偏好差异。但是，基于以上分析，我们仍不能够对农户的偏好程度做出准确判定。在接下来的分析中，我们将进一步通过对不同政策实施方式的隐含价格测算，对农户偏好做进一步的量化分析。进而，在统一的货币价值基础上，比较农户对不同政策实施方式的偏好程度。也可以说，前一小节的 RPL 模型估计及分析为农户的政策实施方式偏好进行了"定性"，而接下来的分析中，我们将从"定量"的角度更加深入地了解受访农户对不同政策实施方式的偏好程度。

如表 7－3 所示，设备补偿形式、耕地整理、技术指导的隐含价格由公式（7－5）估计得到。可以看出，耕地整理的隐含价格最高，表明农户对其偏好最强，配套实施耕地整理项目能够为农户带来 126.72 元/亩的效用提升；农户对技术指导的偏好其次，其隐含价格在 38.77 元/亩；设备补偿形式的隐含价格为－25.73 元/亩，表明农户更加认可实物形式的设备补贴，若补贴形式从实物形式转变为现金形式，对农户来说则意味着效用的损失。需要说明的是：设备补贴形式由实物形式转变为现金形式，导致受访农户效用水平下降的原因可能是，现金形式的设备补贴增加了农户因需要自行购置节水灌溉设备而产生的交易成本。

表 7－3　不同政策实施方式的隐含价格估计

政策属性	隐含价格（元/亩）	标准误	95%置信区间	
			下限	下限
设备补偿形式	－25.728	60.560	－144.423	92.966
耕地整理	126.723	81.221	－32.468	285.915
技术指导	38.765	57.480	－73.893	151.423

六　本章小结

选择实验法是近些年来生态和资源价值评估领域的重要方法

（史恒通、赵敏娟，2015；杨欣等，2016）。本书研究拓展了选择实验法的应用范围，为揭示农户层面的政策偏好提供了可行思路。同时，本书研究过程中形象化的问卷设计与适当的误差控制机制引入，也为提高选择实验调研的趣味性和有效性做出了创新性的尝试。具体来看，本章基于选择实验法设计了由设备补贴形式、工时补贴标准、耕地整理与技术指导四个属性构成的多种备选补贴政策情境（分别代表不同的备选政策实施方式），并结合调研数据与 RPL 模型，估计了反映农户政策偏好的效用函数，以及不同政策实施方式的隐含价格，主要结论包括以下几点。

首先，在节水灌溉技术推广过程中，配套实施耕地整理项目对农户效用水平的提升影响较大。因此，受访农户更倾向于接受配套实施有耕地整理项目的滴灌技术补贴政策。进一步，通过隐含价格测算得到，如果能够在推广滴灌技术的同时，配套实施耕地整理项目，则相当于为农户提供了 126.72 元/亩的补贴。除此之外，最大地块面积与 *ASC* 交互项系数的估计结果也表明，较大的地块面积将有助于提高农户政策参与意愿。总而言之，耕地细碎化程度较高，很可能是阻碍受访农户补贴政策参与及滴灌技术采用的主要因素之一，也可能是政策模拟中农户迫切需要配套实施耕地整理项目的主要原因之一。因此，未来补贴政策在制定与实施过程中，应结合区域实际情况，对耕地条件予以更多的关注。

其次，农户对设备补贴形式与技术指导存在较强的偏好异质性，表明受访农户对以上政策属性的偏好具有多样性，未来补贴政策设计应进一步提高多元化与精准化水平，从而提升实施效果。进一步，从两者隐含价格的测算结果来看：采取现金形式的设备补贴而非实物形式的设备补贴，相当于农户获得的技术补贴将会减少 25.73 元/亩；在推广滴灌技术的同时提供相应的技术指导服务，相当于为农户提供了 38.77 元/亩的补贴。因此，在未来政策设计中，应根据农户需要选择适当的补贴形式，提供有针对性的技术服务。

此外，*ASC* 估计结果在一定程度上反映了农户对补贴政策的整体接受程度。由于受访农户风险规避意识较强，且自身风险承受能力有限，其在补贴政策参与模拟时往往存在一定的疑虑（如补贴政策最终能否抹平技术采用带来的成本损失？甚至是，补贴政策最终能否使自己受益?)，进而选择了“不参与”补贴政策。当然，这也可能与农户对现行补贴政策合理性的评价较低有关(第四章中关于政策激励效果的研究)，即现行补贴政策不能够很好地保障农户权益，进而导致受访农户对节水灌溉技术补贴政策存有成见，并产生排斥心理。当然，这一分析结果也在一定程度上表明了本书进行政策优化研究的重要性与迫切性。因此，消除农户心理上的顾虑，扭转农户对现有补贴政策的成见，也应该是未来补贴政策需要解决的关键问题之一。

第八章◀ 节水灌溉技术补贴政策的优化与建议

提升节水灌溉技术补贴政策的激励效果，使更多的农户在农业生产中积极主动地采用节水灌溉技术，是本书研究的最终目的。在本书的第三章，我们探讨了我国节水灌溉技术补贴政策的发展历程、发展趋势与实践中存在的问题，第四章我们实证分析了现行补贴政策对农户节水灌溉技术采用的激励效果，第五、第六章我们分别测算了农户节水灌溉技术采用的全成本与全收益，第七章我们进一步揭示了农户对节水灌溉技术补贴政策实施方式的偏好及程度。在本章研究中，我们将根据上述研究结果，进一步探讨可行的节水灌溉技术补贴标准、政策实施方式及其他一些相关措施，并在此基础上提出具体的政策调整方向与建议。

一 节水灌溉技术补贴标准的优化与建议

（一）全成本收益视角的节水灌溉技术补贴标准核算

在第二章理论分析部分，我们探讨了纳入非市场化成本与非市场化收益的节水灌溉技术补贴标准的核算方法，并称之为“全成本收益视角的补贴标准核算方法”。这里，我们将基于第五、第六章关于农户采用节水灌溉技术的全成本收益测算结果，分别从成本视角和收益视角计算相应的补贴标准下限和补贴标准上限。

由前文全成本收益的测算结果可知，农户采用滴灌技术所需承担的市场化成本和非市场化成本分别为 195.69 元/亩和 207.69 元/亩，产生的市场化收益为 162.43 元/亩（也就是农户私人经济收益），带来的非市场化收益为 275.91 元/亩（也就是外部社会生态收益）。由此可知，农户采用滴灌技术所需承担的全成本为 403.38 元/亩，能够获得私人净收益为 -240.95 元/亩［即私人经济收益与全成本之差，如公式（2-9）所示］。也就是说，在没有补贴政策的情况下，农户采用滴灌技术是赔钱的。

进一步，根据公式（2-10），由于农户采用滴灌技术的私人净收益为负，则成本视角的补贴标准下限应为私人净收益的绝对值，即 240.95 元/亩，这一标准将是能够保证农户采用滴灌技术时，不至于利益受损的最低限度。根据公式（2-11），收益视角的补贴标准上限应为农户采用滴灌技术所能带来的全部外部社会生态收益，即 275.91 元/亩，这一标准将是农户采用滴灌技术所能够获得的补贴的上限。那么，由上述计算结果可知，针对农户滴灌技术采用的补贴标准的合理范围应该在 240.95 元/亩与 275.91 元/亩之间。

（二）节水灌溉技术补贴标准的调整建议

从现行补贴标准来看，研究区域对于滴灌技术的补贴主要有两部分：一部分是滴灌工程的建设成本，包括抽水设备、过滤设备、加压设备、输水主管等；另一部分是田间的设备投入（如滴灌带等）。这两部分的补贴每年合计约为 154.5 元/亩，而且其中 59.5 元的滴灌带补贴只在滴灌工程建成初期无偿提供一次（可用 3 年），农户如果后期继续采用，则需自费购买。因此，总的来看，农户在滴灌技术采用的前期（即前 3 年）能够获得的实际补贴约合 154.5 元/亩，后期若继续采用能够获得的实际补贴约合

95 元/亩。这一补贴标准与本书核算的 240.95 元/亩的“补贴标准下限”尚有不小的差距。也就是说，在农户技术采用的前期和后期，分别有 86.45 元/亩和 145.95 元/亩的补贴缺口，如此之大的补贴缺口很可能是导致农户节水灌溉技术采用积极性不高的直接原因。从本书核算的 275.91 元/亩的“补贴标准上限”来看，在农户技术采用的前期和后期的补贴缺口均在 100 元以上，分别为 121.41 元/亩和 180.91 元/亩。这样的补贴缺口直接导致，农户节水灌溉技术采用所创造的外部社会生态收益与其所能获得的私人经济收益之间形成巨大反差，使得补贴政策的公平性原则难以体现。因此，针对在现行补贴标准核算的过程中，对技术采用的非市场化成本收益考虑不足，而导致的补贴标准过低、激励效果不明显、政策公平性与合理性难以体现等问题，本书提出以下建议。

首先，从成本视角来看，除初始工程建设投入与大型设备成本外（如水源建设、抽水设备、过滤设备、主输水管道等），还需将农户后期技术采用过程中产生的易耗的设备成本（如滴灌带、维修耗材等），以及不易观测和统计的非市场化成本（如学习成本、交易成本、日常管理维修过程中产生的琐碎工时投入等）纳入补贴标准的核算范围，从而体现补贴标准核算的合理性。具体来看：①现有的工程建设补贴应继续保持，这部分补贴额度相当于 95 元/亩；②进一步扩大田间设备的补贴范围（如日常的维修配件购置费也应该被计入），并延长已有设备补贴的补贴年限（如对于滴灌带的补贴，应在现有 3 年的补贴年限上进行延长），这相当于农户每年将能够获得 78.19 元/亩的田间设备补贴；③针对农户反映的“滴灌技术节水不节电”的实际情况（即电费增加的 22.5 元/亩，反而超出了水费节约的 20.83 元/亩），可通过电费减免的形式对农户进行补贴，相当于给予农户 22.5 元/亩的补贴。针对上述市场化成本进行补贴的总额为 195.69 元/

亩，这与成本视角的补贴标准下限240.95元/亩之间，还有45.26元/亩的差距。因此，在对农户采用滴灌技术的全部市场化成本进行补贴的同时，还应给予一定的额外补贴，这部分补贴最低不能少于45.26元/亩。需要说明的是：之所以优先考虑对节水灌溉技术的市场化成本进行补贴，主要是因为市场化成本的测算相对来说更为容易和准确，因而更便于实施，而非市场化成本则具有不易观测的特点，如果有限针对非市场化成本进行补贴，则可能会在一定程度上增加补贴政策的执行成本。

其次，从收益视角来看，节水灌溉技术采用的非市场化收益也应该被作为技术补贴标准核算的重要依据。农户采用节水灌溉技术能够带来区域生态环境改善、粮食安全、耕地安全、可持续发展等多方面的正的外部影响，这些外部效益能够被研究区域内的全体社会成员共享。因此，农户作为生态环境产品与服务的提供者，外部效益的巨大经济价值也应该在农户私人收益中有所体现，而不仅是对技术采用成本的弥补（基于成本视角测算的补贴标准只能使农户最终成本收益达到均衡状态，而并未使其真正从公共物品供给行为中获利），这也是补贴政策公平性的直接体现。基于前述成本视角的补贴标准调整方案可知，除对节水灌溉技术采用的市场化成本进行全额补贴之外，至少还需要给予农户45.26元/亩的额外补贴。那么，从收益角度来看，275.91元/亩的补贴标准上限与市场化成本195.69元/亩之间的差值为80.22元/亩（这里，为便于补贴政策的实际执行，我们仍然沿用优先对市场化成本进行补贴的原则），这一数额应该是农户所能获得的额外补贴的上限。值得注意的是，最高额外补贴与最低额外补贴之间的差值为34.96元/亩，这是补贴标准在实际执行过程中可以适度调控的范围。

此外，进一步扩大节水灌溉技术补贴范围，适度提高现行节水灌溉技术补贴标准应该是未来政策调整的重要方向之一，也是调动农户技术采用积极性的有效措施。但需要注意的是，为避免补贴标准过高可能带来的政策可持续性问题，还需进一步完善现有节水灌溉技术成本收益测算体系，针对不易观测和统计的非市场化成本受益，应开发或引进更为科学的成本收益测算方法，从而提高补贴标准制定的精准化水平，保障补贴资金的可持续利用。此外，对于不同类型的节水灌溉技术，还应分别测算其成本收益，从而为差别化的补贴政策制定提供科学依据。

二 节水灌溉技术补贴政策实施方式的优化与建议

（一）基于农户偏好的补贴政策实施方式优化

在第二章的“政策实施方式设计思路”中，我们探讨了将农户偏好纳入补贴政策设计过程之中的重要性与必要性。紧接着，在后续的第七章中，我们借助实证数据分析了农户对补贴政策实施方式的偏好情况。这里，我们将以第二章理论分析为指导，以第七章的实证分析为依据，进一步对现行补贴政策的实施方式进行优化。具体如下。

首先，第七章的偏好分析结果表明，农户更倾向于接受配套实施有耕地整理项目的滴灌技术补贴政策。因此，如果未来滴灌技术补贴政策能够与耕地整理项目配套实施，将会大幅提升农户政策参与意愿及节水灌溉技术采用的积极性。从民勤县耕地状况来看，一方面，“家庭联产承包责任制”推行过程中按家庭人口对村中不同质量等级的耕地进行了平均分配，使得农户拥有土地的分散化程度加大；另一方面，为便于传统灌溉（如漫灌等），农户大多把土地整理成0.5～2亩的小块，造成了较为严重的耕地细碎化问题。以上两方面原因致使膜下滴灌技术的使用效果大打折扣，这也是造成研究区域农户滴灌技术采用积极性不高的主要原因之一。从调研数据来看（针对已经采用过滴灌技术的农户），当农户平均地块面积在3亩以下时，愿意继续采纳滴灌技术的农户占比处于一个较低水平（在33%～40%），而随着平均地块面积增加到3亩以上时，愿意继续采用滴灌技术的农户占比开始随着平均地块面积的增加而提高。尤其是，当平均地块面积在5亩以上时，愿意继续采用滴灌技术的农户占比达到了74.7%。从这一统计结果不难看出，今后，针对细碎化问题严重地区的耕地整理项目，至少应将农户家庭平均地块面积整理并提高到3亩以上甚至更高水平。据此建议，未来滴灌技术补贴政策在实施过程中应尽量与耕地整理项目（或政策、措施等）配套，通过加大对小块耕地的规划、合并、平整的支持力度，同时也要引导和鼓励耕地的连片流转，提升经营规模，为规模化新型经营主体的培育以及节水灌溉技术采用营造客观条件，从而推进规模化高效节水灌溉事业的发展。虽然，实地调研中也发现，研究区也有一些耕地整理项目正在实施，但并未与节水灌溉技术补贴政策形成很好的配合，未能形成合力。因此，未来节水灌溉技术补贴政策设计还需要注重对现有资源的整合，达到不同政策措施间的有机配合，从而最大限度地发挥各类政策措施的整体实施效果（后续还会结合隐含价格的测算结果，做进一步详细分析，这里不再赘述）。

其次，第七章关于农户对设备补贴形式与技术指导的偏好分析结果表明，受访农户对两者的偏好均存在较强的异质性。因此，未来滴灌技术补贴政策在实施方式的设计上，应尽量体现出多样化与差别化，给予农户更多的选择空间，从而提高补贴政策的灵活性与适用性，从而获得更多农户的积极响应。具体来看：在滴灌技术设备的补贴形式方面，应尝试多种补贴形式的同时运用与有机结合，不仅要有实物形式的设备补贴，也要根据农户实际需要提供现金形式的设备补贴。在滴灌技术指导方面，由于部分农户对技术指导存在实际需求，特别是初次采用滴灌技术的农户，但也有部分农户对技术指导没有实际需求。因此，未来补贴政策应根据农户实际需要提供精准化的技术指导服务（如定期定点举办自愿参加的技术培训、开通节水灌溉技术服务热线等），这样一方面可以帮助认知和学习能力不足的农户快速掌握必要操作流程或排除技术故障，同时也能够避免针对认知和学习能力较强农户进行培训而产生的无效资金投入。

此外，由于本书研究是以滴灌技术为例进行的，因此农户对配套的耕地整理措施表现出了较高的关注（一致性的强偏好），而对节水设备的补贴形式和技术指导的偏好却表现出了明显的异质性。试想，如果以其他类型的节水灌溉技术为例展开研究，则很可能会得到不同的研究结论（因不同类型的节水灌溉技术对设备补贴形式和配套措施的需求可能具有较大差异）。但是，本书研究结论仍然具有较大的启发价值，具体表现为以下两个方面：一是，本书研究证实了，补贴政策的实施方式的不同，能够在很大程度上影响农户政策参与的积极性，这在未来补贴政策设计中应该得到足够的重视；二是，未来节水灌溉技术补贴政策设计，不仅要关注技术本身，同时也要关注农户对相关配套措施（如耕地整理、技术指导等）的需求。因此，在政策设计前期，应通过民意调查、座谈会等形式了解农户基本需求，使补贴政策设计能够体现农户偏好，从而提高节水灌溉技术补贴政策的实际运行效果。

（二）基于隐含价格的补贴政策实施方式优化

第七章关于农户对补贴政策实施方式的分析，不仅从“定性”的角度揭示了农户政策偏好的方向，同时也从“定量”的角度量化了农户政策偏好的程度（借助隐含价格分析，量化了不同政策实施方式在受访农户心目中所代表的价值）。例如，借助隐含价格测算可知，配套实施耕地整理项目与提供相应的技术指导服务相当于为农户提供了正向的技术补贴，而将现行的实物形式的设备补贴替换为现金形式的设备补贴，则相当于为农户提供了负向的技术补贴。那么，在补贴政策的实际执行过程中，如果采取了能够为受访农户带来正向技术补贴的实施方式，将有可能在保障同等激励效果的情况下，节约一部分用于技术补贴发放的财政资金。也即是说，隐含价格的测算，为政策实施方式与技术补贴标准间的有机结合提供了可能。

首先，从配套实施耕地整理项目来看。隐含价格测算的测算结果表明，若在实施滴灌技术补贴政策的同时配套实施耕地整理项目，则相当于为农户提供了 126.72 元/亩的技术补贴。那么，根据本章第一节关于补贴标准的分析结果可知：从现行的补贴标准来看，农户采用滴灌技术前 3 年所能获得的补贴标准为 154.5 元/亩，之后所能获得的补贴标准为 95 元/亩；如果在政策现状的基础上配合以耕地整理项目进行实施，那么农户前 3 年所能够获得的补贴标准相当于 281.22 元/亩，之后所能获得的补贴标准相当于 221.72 元/亩。可看出，在此情形下，农户在技术补贴政策实施的前 3 年所能获得的实际补贴标准甚至高于补贴标准的上限，3 年之后所能获得的实际补贴标准距离补贴标准下限也仅有 19.23 元/亩。因此，这样一来，在政策实施的前 3 年，将无须再为农户提供额外补贴，而在 3 年之后，可根据实际情况为农户提供适当的田间设备补贴或电费支持，具体分析与前一节类似。

其次，从设备补贴形式与技术指导来看。隐含价格的测算结果表明：若将现行的实物形式的设备补贴替换为现金形式的设备补贴，则相当于农户获得的技术补贴减少了 25.73 元/亩；若在实施滴灌技术补贴政策的同时提供相应的技术指导服务，则相当于为农户提供了 38.77 元/亩的技术补贴。与前述配套耕地整理项目的分析类似，不同的补贴形式与是否提供技术指导，同样能够为技术补贴标准带来一定的可调整空间，只是在影响的方向和程度上存在一定的差异。

此外，政策实施方式的隐含价格测算使我们明确了，在不同政策实施方式下补贴标准应该如何调整，为政策实施方式与补贴标准间的有机结合提供了可行的价值标准。与此同时，我们也应当注意到，补贴政策实施的总成本不仅包括农户所能获得的技术补贴，同时还应包括因政策实施方式不同而带来的成本增加。根据生态补偿理论，节水灌溉技术采用所能带来的效益（包括私人效益和外部效益）是我们实施技术推广和补贴的根本动力，也是技术补贴资金的最终来源。因此，我们在讨论补贴政策的实施方式时，不应回避补贴标准的问题，因为它们共同构成了补贴政策实施的总成本，且来源都是技术采用所带来的效益总额。不同的政策实施方式可能也具有不同的成本，例如，有耕地整理项目配套和无耕地整理项目配套的两种情况，或者有技术指导和无技术指导的两种情况，抑或采取实物形式的设备补贴和采取现金形式的设备补贴两种情况（若采取现金形式的补贴，将能够省去政府因选购节水设备而产生的交易成本，但同时也可能使政府面临因甄别农户技术设备购置费用而带来的实施成本上升问题），政策的实施成本是有所不同的，这些成本的变化也将会对最终补贴标准的制定带来影响。虽然，在实证分析中，本书并未对不同实施方式的具体政策执行成本进行量化研究，但本书关于不同实施方式所带来的农户效用水平的变化仍具有重要参考价值。例如，在配套实施耕地整理项目方面，实地调研中我们也了解到，研究区域已经实施了一些耕地整理项目，因此若能够将耕地整理项目与节水灌溉技术补贴政策配套实施，则需要对耕地整理项目的实施成本进行分摊（因进行耕地整理的目的可能并不完全是为了便于实施节水灌溉），但具体的分摊比例可能还需要进一步量化分析，在本书研究中并未涉及。如果暂且避开这一问题，将现有的耕地整理项目与节水灌溉技术补贴政策有机结合起来，将很可能会产生“1+1>2”的效果。也就是说，在未来节水灌溉技术推广政策实施过程中，通过有效整合现行的相关政策措施，将能够在一定程度上提升其整体实施效果。

三 针对其他相关措施的优化与建议

（一）细化补贴政策内容，提高政策的适应性与可操作性

针对现行节水灌溉技术补贴政策的大多为原则性、方向性的建议或意见，在政策执行过程中面临着实施方案不具体、适用性不佳、针对性和实效性不足等问题。未来补贴政策需要进一步具体化政策内容和实施流程，并根据实施环境制定差异化的政策措施。一方面，在补贴政策的顶层设计方面，除体现原则性和方向性之外，还需注重对补贴政策内容的具体化，拟定出大致的补贴标准、实施方式、补贴范围、补贴期限、操作流程等内容，从而为地方政府在政策实施时提供更为明确和具体的参考依据，以提高补贴政策的可操作性。另一方面，我国节水灌溉技术补贴政策面临的一个基本前提是，不同地域在社会经济发展水平、水资源分布、适宜的节水灌溉技术类型等方面差异较大。从全国层面来看，我国东西部地区在社会经济发展水平和自然地理环境上呈现巨大差异，湿润的中东部地区能够适合大多数类型的高效节水灌溉技术，而西部地区因干旱缺水、土地沙化、蒸发量大等阻力的存在，更适合膜下滴灌、渗灌等技术的推广。相对而言，西部地区因缺水导致的生态脆弱性更为突出，面临的农业节水压力更大，对节水灌溉技术类型的适应性要求也更高。因此，未来政策制定需要结合区域自然地理环境、社会经济发展状况、适宜的节水灌溉技术类型等方面存在的差异，制定差别化的补贴政策措施，避免“一刀切”式的政策制定。

（二）设立节水灌溉技术专项补贴资金，并对落后地区保持适度倾斜

鉴于节水灌溉技术补贴政策在具体执行过程中面临的专项资金不到位、弱势地区推行难等问题，本书提出以下对策。一是，设立针对农户田间节水灌溉技术采用进行补贴的专项资金，并确保补贴资金来源的长期稳定。目前来看，我国节水灌溉技术补贴多由政府主导，并具有一定的强制性，在具体实施过程中往往通过节水示范项目、贴息贷款等形式完成节水灌溉工程建设的初始投资。但仍面临以下问题，一方面，对于农户主动节水缺少相应的补贴资金支持；另一方面，对于依靠政府补贴资金建设的节水灌溉工程，农户后期继续采用尚无具体的补贴方案。例如，实地调研发现，虽然政府补贴了节水灌溉工程的初始建设投资，并提供了初次使用的全套设备，但在后期继续采用过程中，农户需要承担易耗设备的购置成本、非市场化成本等，这部分成本仍然是高出农户技术采用收益的。据此建议，未来节水灌溉技术补贴政策制定，不仅要设立针对节水灌溉工程的初始建设资金，还要设立针对农户主动采用田间节水灌溉技术，以及用于节水灌溉工程建成后农户继续采用的专项补贴资金。此外，在补贴政策具体实施过程中，还需要进一步强化监督与管理，规范补贴流程，确保补贴资金能够专款专用。二是，对于严重缺水区、生态脆弱区，以及深度贫困地区，应给予更多的政策倾斜。由于这些地区往往是重点的生态保护与恢复区和脱贫攻坚区，同时也是社会各界关注的焦点地区，但受限于区域社会经济发展水平与地方政府财政能力，在节水灌溉技术补贴政策落实过程中可能面临一定的困难。建议未来节水灌溉技术补贴政策制定，应对这些地区予以适度倾斜，尤其是在资金、物质、技术指导和服务方面应提供更多的政策扶持，从而保障节水灌溉技术补贴政策在这些地区的顺利实施。

（三）构建节水灌溉技术成本收益评估体系，提高技术补贴的精准度

节水灌溉技术采用的成本收益评估结果是制定相关补贴政策的重要参考依据。目前来看，在我国节水灌溉技术补贴政策的制定过程中，由于缺少全面、准确的成本收益数据，往往以参考市场化的成本收益居多。这不仅影响了我国节水灌溉技术补贴政策制定的合理性，也降低了节水灌溉补贴政策的实际执行效果。因此，未来节水灌溉技术补贴政策的制定需要建立在对技术采用成本收益进行全面评估的基础之上，具体的评估内容不仅要包括市场化的成本与收益，同时也应该将非市场化的成本与收益纳入评估范围之内。也就是，应建立节水灌溉技术采用的"全成本收益"评估体系，从而为相应的补贴政策制定提供全面的价值标准。需要注意的是，不同类型的节水灌溉技术在成本收益方面存在很大差异。例如，传统节水灌溉技术（如沟灌、畦灌等）在技术实施成本和灌溉用水节约率方面，与高效节水灌溉技术存在较大差异。传统节水灌溉技术可能表现出较低的实施成本与较低的节水率，而高效节水灌溉技术虽然更加节水，但同时也面临着更高的技术实施成本。与此同时，不同类型的传统节水灌溉技术之间，以及不同的高效节水灌溉技术之间，在成本收益方面也会存在较大差异。因此，节水灌溉技术成本收益评估体系应区分技术类型，针对不同技术类型分别进行测算，从而为补贴标准、政策实施方式的差别化设计提供更具针对性的指导依据，进而提升补贴政策的精准度。

（四）建立沟通机制，提高农户决策参与度

针对现行补贴政策制定过程中对农户偏好的考虑不足，本书建议完善沟通渠道，提高农户在政策制定过程中的参与度，从而

使得未来补贴政策能够更多地体现农户偏好。具体来看，首先，进一步强化宣传教育，引导和鼓励农户参与到节水补贴政策的制定中来，从而减少农户与政府间的信息不对称。其次，在补贴政策制定的过程中，应充分听取农户意见，建立畅通的沟通渠道，例如，对农民需求信息以民意调查、座谈会、听证会等形式进行定期调查和日常收集，并在信息分析和处理的基础上制定相关政策措施，或进行及时的补充完善，从而形成针对农户需要、反应灵敏的信息沟通渠道。最后，实行公共政策制定程序公开化，使农户了解节水灌溉技术补贴政策的制定过程，并开通信息咨询与反馈热线，从而降低农户决策参与成本。同时，进一步提高决策信息的透明度，扩大政务公开范围，使得农户能够对政策制定进行全面监督；此外，构建“自下而上”的信息反馈机制，积极发挥农户用水者协会等基层组织在民意收集与上报方面的作用，从而为政府决策提供更多参考依据。

（五）规范节水灌溉技术补贴发放流程，提高补贴资金利用率

前文在分析现行节水灌溉技术补贴标准时，建议扩大补贴范围，并适当提高补贴标准。但是，如果在技术补贴发放过程中存在审核不严、金额不准等问题，将会造成补贴资金浪费，进而影响补贴政策的实施效果与可持续性。因此，在提高补贴标准的同时，还需要解决补贴资金在发放过程中存在的一些问题。实地调研中我们也遇到了一些较为极端的例子，例如，一些种植大户通过与地方单位勾结，从市场上购买价格较低、质量较差的节水灌溉设备进行铺设，然后以较高价格上报给上级单位，从而获得更高额度的补贴。此外，还有一些农户甚至只是在地头铺设了一些节水设备来应对上级单位的检查，从而骗取节水灌溉技术补贴。这些现象，在一定程度上反映了现行节水灌溉技术补贴在发放流

程方面存在的漏洞和缺陷。据此建议，未来节水灌溉技术补贴政策应进一步完善和规范发放流程，提高补贴资金的利用效率。具体来看：一是，应在准确核实农户技术采用类型与面积的基础上，以“先建后补”的形式对农户节水灌溉技术采用进行补贴；二是，在对农户技术采用类型和面积的审核过程中，应严格验收程序，将误差降到最小；三是，对各级政府人员应加强管理与监督，尽快制定相关监管措施，遏制谎报、瞒报、寻租等行为，使节水灌溉技术补贴资金能够落到实处。

（六）完善节水交易机制，提高农户节水积极性

虽然在实地调研中，受访农户采用滴灌技术每亩能够节约的灌溉用水约为 85 立方米，但水费节约仅为 20.83 元/亩，尚不能弥补因采用滴灌技术而增加的电费支出（22.5 元/亩）。上述现象在一定程度上反映出，研究区域农业用水水价过低的问题（前文通过加权平均计算得到的灌溉用水价格仅为 0.245 元/米^3）。如果农户节水收益只能通过节约水费的方式来体现，那么在水价较低的情况下，农户节水的积极性必然不会很高。与此同时，过低的水价不仅难以反映水资源的稀缺性，阻碍价格调节作用在资源配置中的发挥，也使得农户节水收益难以得到直观体现。事实上，从研究区域其他行业用水水价来看，居民生活用水的三级阶梯水价分别为 1.86 元/米^3、2.79 元/米^3、3.72 元/米^3，工业用水水价为 3.46 元/米^3（据 2013 年出台的《武威市人民政府关于深化水价改革的实施意见》和《民勤县深化水价改革贯彻实施意见》），均远高于现行的农业用水水价（高出倍数从 7.59 倍到 15.18 倍不等）。那么，如果能够在明确水权的前提下，建立完善的节水交易机制，使得结余水权可以在市场上自由出售，则农户将有机会享受到更多的节水收益。如果以工业用水水价 3.46 元/米^3 进行计算，农户将能够获得 294.1 元/米^3 的节水收益（按照

前文分析得到的 85 米^3/亩的灌溉用水节约量进行计算，下同），即便是以生活用水的第一阶梯水价 1.86 元/米^3 进行计算，农户也能够获得 158.1 元/亩的节水收益。当然，由于交易成本的存在，以及购水者边际效用的递减，实际交易中农户未必能够以如此之高的水价达成交易。但仍可以想象的是，最终的成交价格将会在很大程度上远远高于 0.245 元/米^3，农户也完全有可能从被动节水转变为主动节水。基于上述分析，本书提出以下几点建议：一是，在现有水资源分配方案的基础上明确水权，为辖区内各行业用水者建立统一的水资源账户，明确其初始水资源分配量及权责关系，确保水权信息精准明确；二是，探索建立水权交易体系，搭建交易平台，制定水权交易规则，为交易双方提供信息发布、价格评估、合同鉴证等规范服务，从而保障水权交易的快捷、专业与安全；三是，通过正向的舆论宣传和政策引导，提高用水者对于水权交易的认可和接受程度；四是，完善水权交易相关的法律法规，加快制定并出台“水权交易管理条例”，从而保障水权交易正常有序进行。

（七）加大宣传力度与研发投入，提升农户技术认知与使用效果

针对初始采用阶段农户因技术“易用性”认知不足而产生的畏难情绪，以及后续采用阶段农户因技术本身适应性问题而导致的技术“有用性”认知下降，本书提出以下建议。一是，第四章关于不同采用阶段农户的技术认知对比结果表明，技术宣传、培训与田间示范等措施，在节水灌溉技术推广实践中对初始采用阶段农户仍具有重要意义。因此，未来补贴政策实施仍需注重上述措施与节水灌溉技术补贴政策的有机配合，通过积极的宣传推广，提高农户对节水灌溉技术操作流程、使用效果等方面的认知水平，从而帮助初始采用农户克服畏难情绪。二是，进一步加大

针对节水灌溉技术的研发投入，结合特定区域的社会经济与自然环境，研发更具适应性的技术设备，提高节水器材设备的性能和质量，从而提升技术采用效果。例如，针对民勤县地下水矿化度较高这一实际情况，未来膜下滴灌技术需要克服长期使用产生的土壤板结及盐碱化问题。此外，还要加强可降解地膜的技术研发，一方面可降解地膜可缓解因膜下滴灌技术采用而带来的“白色污染”问题，以及因地膜残留而导致的耕地质量下降（如阻碍土壤水、汽流通及农作物根系生长等）；另一方面，也可降低农户在清理地膜过程中产生的额外工时投入，提高技术本身的易用性。

（八）完善信贷保险机制，提高农户投资与抗风险能力

节水灌溉技术的实施（尤其是喷灌、滴灌类高效节水灌溉技术），不仅需要农户承担较高的成本投入，同时也使其面临一定的生产风险，这些成本与风险远远超过了一般农户所能承受的水平。因此，节水灌溉技术补贴政策在实施过程中，可能还需要对农户给予一定的信贷支持，以及针对农户技术采用的相关保险产品的有机配合。据此建议，进一步完善相关的信贷保险机制，注重节水灌溉技术补贴政策与信贷保险机制间的协调与配合，从而提高农户在节水灌溉技术采用方面的投资能力和风险抵抗能力，具体来看：一方面，要加大对节水灌溉设施建设贷款的税费减免、贴息等优惠政策，提高金融机构为农户提供信贷支持的积极性，从而为农户技术采用初期的工程建设投入提供充足的资金保障；另一方面，通过积极开发适用于农户节水灌溉技术采用的特色农业保险品种，降低农户在技术升级过程中面临的生产风险，消除其心理顾虑。

四　本章小结

为提升农户节水灌溉技术采用的积极性，本章结合前文理论

与实证分析结果，提出了一些提升节水灌溉技术补贴政策激励效果的政策建议与对策，包括补贴标准、政策实施方式，以及其他相关措施等方面的优化建议。具体来看：（1）在补贴标准方面，基于前文核算方法与成本收益测算结果，最终计算得到补贴标准的下限为 240.95 元/亩，补贴标准的上限为 275.91 元/亩，并通过与现行补贴标准对比，提出了扩大补贴范围、适度提高现行标准的相关建议；（2）在政策实施方式方面，基于前文农户政策偏好的分析结果，提出了关注补贴政策的配套措施，提高补贴政策灵活性的相关建议，并基于隐含价格的测算结果，分析了通过整合现有政策资源来提高政策整体实施效果、节约政策实施成本的可能性；（3）在相关配套措施方面，围绕节水灌溉补贴政策的调整与优化，提出了细化补贴政策的具体内容，设立专项补贴资金，构建成本收益评估体系，建立农户与政策制定者之间的协调沟通机制，规范技术补贴发放流程，完善水权交易机制，加大节水灌溉技术的宣传力度与技术研发，以及注重信贷保险机制配合等相关建议。

▶结　语

积极发展农业节水灌溉，提高灌溉用水效率，是实现水资源依赖型农业向节水型农业转变的重要途径，同时也是保障区域生态安全、实现农业现代化建设的重要举措。目前来看，针对农户采用节水灌溉技术出台适当的激励性的政策措施，已经成为世界各国发展节水农业的共同经验。本书着眼于我国节水灌溉技术补贴政策中存在的问题，重点从影响政策实施效果的量方面核心内容——补贴标准与政策实施方式展开了一系列探讨，主要包括以下几部分。

一是，搭建了节水技术补贴政策研究的理论框架。首先，通过对相关研究的梳理，把握了节水灌溉技术补贴政策研究的理论前沿，并结合既有理论分析了节水灌溉技术采用的外部性、公共物品特性、成本收益及农户行为特征；其次，对核心关键词“补贴政策”、“全成本收益”和“农户政策偏好”进行了界定；进一步阐述了节水灌溉技术补贴政策的基本框架与作用机理，提出了全成本收益视角的补贴标准核算方法及农户偏好视角的补贴政策实施方式设计思路，并构建了本书研究的总体框架。

二是，探析我国节水灌溉技术补贴政策的发展历程、发展趋势、实践问题与激励效果。首先，通过对近 20 年来的相关政策措施进行梳理，理顺了我国节水灌溉技术补贴政策的发展历程，明确了未来补贴政策的发展趋势；其次，针对现行补贴标准、政策实施方式及其他相关措施中存在的问题及原因进行了剖析；最后，基于农户技术采用行为的阶段性特征，运用SEM模型对比分析了补贴政策在不同阶段对农户节水灌溉技术采用的影响，揭示了现行节水灌溉技术补贴政策对农户技术采用行为的激励效果。

三是，测算了节水灌溉技术采用的“全成本”与“全收益”。首先，对农户滴灌技术采用过程中产生的市场化成本收益和非市场化成本收益进行了系统的识别；其次，分别借助市场化和非市场化的方法或技术手段（市场价格核算、CVM调研、CE调研、PID模型、RPL模型、CS估计等），对市场化成本收益和非市场化成本收益进行了测算，从而为全成本收益视角的补贴标准核算提供了实证参考依据。

四是，揭示农户对补贴政策实施方式的偏好。首先，构建了滴灌技术补贴政策参与模拟的属性指标体系，并在此基础上设计了不同的备选补贴政策情境（分别代表不同的备选政策实施方式，也就是用于模拟农户政策参与的选择实验问卷）；进而，通过政策参与模拟与计量经济模型分析，揭示了农户对不同政策实施方式的偏好与程度，从而为农户偏好视角的补贴政策实施方式优化提供了实证参考依据。

五是，提出节水灌溉技术补贴政策优化的方案与建议。首先，基于全成本收益的测算结果，核算了滴灌技术采用的补贴标准下限和上限，并结合现行补贴标准给出了调整方案；其次，基于农户政策偏好的分析结果，提出了关注耕地整理项目的配套实施，提高补贴政策灵活性，整合现有政策措施等方面的优化建议；最后，结合研究区域自然地理环境和社会经济发展状况，针对补贴政策的其他相关措施给出了优化建议。

虽然，本书研究为节水灌溉技术采用的非市场化成本收益量化、农户对补贴政策实施方式的偏好揭示提供了可行思路，从而为补贴政策的调整与优化提供了更加科学的决策依据。但是，受限于时间和精力，本书研究仍然存在一些不足之处，具体如下。

（1）为提高非市场化成本量化的准确性，本书结合开放式与支付卡式引导技术设计了针对农户的 CVM 调研问卷，并借助 PID 模型对受访农户真实受偿意愿的取值进行更为合理的假定。即便如此，从已有研究经验来看，针对同一个研究对象，运用 CVM 测算得到的 WTA 一般情况下要比 WTP 高出 3～7 倍（Adamowicz et al.，1993；Horowitz and McConnell，2002），因此本书研究仍可能存在高估非市场化成本的可能。进一步的研究中，如何通过更为合理有效的 CVM 问卷设计和模型估计，提高非市场化成本量化的准确性，仍将是有待进一步探讨和研究的重点。

（2）民勤县作为我国主要的沙尘暴策源地之一，其生态环境改善也提升了区域外居民的福利水平（如风沙天气的减少等），而这部分效益并未在本书中得到量化。从现有研究来看，支付意愿的空间特质已在相关领域中得以证实，例如，Wanget 等（2006）量化了安塞、西安、北京三地居民对黄土高原区生态保护与恢复的支付意愿，且北京居民支付意愿是安塞和西安的两倍多；Brouwer 等（2010）验证了处在瓜达基维尔河流域（Guadalquivir River）居民不仅对改善其所处区段的水质有支付意愿，同时也对改善其他区段的水质具有支付意愿。因此，后续研究还需进一步探讨区域外居民的福利变动，使得节水灌溉技术采用的非市场化收益量化结果更为全面和准确。

（3）书中关于节水灌溉技术补贴标准的讨论主要是基于膜下滴灌技术，相应的研究结论能够为民勤或类似地区提供政策指导。但在实践中，不同地区因自然地理状况或社会经济发展水平差异，适合采用的节水灌溉技术可能不同，而且，不同节水灌溉技术在水肥利用、耕地质量和农产品质量安全等方面的影响各有不同，最终带来的外部效益会有差异。与此同时，各类节水灌溉技术采用的设备成本及其所能带来的私人经济收益也存在差别。因此，未来研究中，还需进一步细化不同节水灌溉技术采用与生态指标间的对应关系，分别测算其外部效益，并根据其采用成本与私人经济收益，核算更具应用价值的补贴标准。

（4）本书揭示了农户对补贴政策实施方式存在异质性偏好，但并未进一步探讨差异产生的原因，及其可能引致的政策需求。因此，后续研究中，技术类型、区域差异、偏好异质性产生的原因，以及针对不同偏好类型的量化处理应得到更多关注，从而为补贴政策的差别化、精准化与实施效果的提升提供更多参考依据。

▶参考文献

〔英〕阿尔弗雷德·马歇尔，2015，《经济学原理》，文思编译，北京联合出版公司。

包晓斌，2017，《我国流域生态补偿机制研究》，《求索》第4期。

曹光乔、周力、易中懿、张宗毅、韩喜秋，2010，《农业机械购置补贴对农户购机行为的影响——基于江苏省水稻种植业的实证分析》，《中国农村经济》第6期。

曹明德，2005，《森林资源生态效益补偿制度简论》，《政法论坛》第1期。

陈海鹰，2016，《自然保护区旅游生态补偿运作机理与实现路径研究》，云南大学博士学位论文。

陈剑、张泽、John A Yunger、吕新、田敏、侯振安，2014，《滴灌精准施肥装置棉田施氮配肥能力研究》，《农业机械学报》第12期。

陈健刚，2016，《精准扶贫大背景下："空心村"问题的有效治理——基于农民土地意识的视角》，《理论观察》第9期。

陈杰、杨太保、何毅，2014，《石羊河下游民勤土地利用及景观格局动态分析》，《水土保持研究》第6期。

陈亮、马金辉、冯兆东、朱小燕，2009，《基于GIS和统计的民勤绿洲地下水位模拟》，《兰州大学学报》（自然科学版）第

6期。

陈萌山，2011，《把加快发展节水农业作为建设现代农业的重大战略举措》，《农业经济问题》第2期。

陈学斌，2012，《基于主体功能区的生态补偿研究》，中国科学院研究生院博士学位论文。

程玉，2015，《论我国京津冀区际大气环境生态补偿：依据、原则与机制》，《中国环境法治》第1期。

储成兵、李平，2013，《农户环境友好型农业生产行为研究——以使用环保农药为例》，《统计与信息论坛》第3期。

褚彩虹、冯淑怡、张蔚文，2012，《农户采用环境友好型农业技术行为的实证分析——以有机肥与测土配方施肥技术为例》，《中国农村经济》第3期。

褚琳琳，2011，《节水农业综合效益分析》，《水利经济》第2期。

褚琳琳，2015，《节水灌溉综合效益价值评估与补偿机制研究进展》，《节水灌溉》第1期。

褚琳琳、陈菁、李荣富、代小平、陈丹，2008，《我国农业节水补偿实践研究——以甘肃省张掖地区为例》，《安徽农业科学》第25期。

代明、刘燕妮、江思莹，2013，《主体功能区划下的生态补偿标准——基于机会成本和佛冈样域的研究》，《中国人口·资源与环境》第2期。

代小平、陈菁、褚琳琳、方茜、李荣富，2008，《农业节水补偿机制研究》，《节水灌溉》第10期。

戴其文、赵雪雁，2010，《生态补偿机制中若干关键科学问题——以甘南藏族自治州草地生态系统为例》，《地理学报》第4期。

戴婷婷、张展羽、邵光成，2007，《膜下滴灌技术及其发展趋势分析》，《节水灌溉》第2期。

丁建彪，2013，《论集体理性政策偏好的形成及价值》，《学习与探索》第9期。

丁丽萍、帅传敏、李文静、闫琼、郭晴，2015，《基于SEM的公众太阳能光伏发电认知和采纳意愿的实证研究》，《资源科学》第7期。

丁敏，2007，《哥斯达黎加的森林生态补偿制度》，《世界环境》第6期。

董彦红、赵志成、张旭、刘学娜、李清明，2016，《分根交替滴灌对管栽黄瓜光合作用及水分利用效率的影响》，《植物营养与肥料学报》第1期。

段靖、严岩、王丹寅、董正举、代方舟，2010，《流域生态补偿标准中成本核算的原理分析与方法改进》，《生态学报》第1期。

段铸、刘艳，2017，《以"谁受益，谁付费"为原则建立横向生态补偿机制京津冀如何破题》，《人民论坛》第5期。

樊辉、赵敏娟，2013，《自然资源非市场价值评估的选择实验法：原理及应用分析》，《资源科学》第7期。

范明明、李文军，2017，《生态补偿理论研究进展及争论——基于生态与社会关系的思考》，《中国人口·资源与环境》第3期。

范王涛、李刚，2017，《地下滴灌影响要素及其敏感性分析》，《水土保持学报》第3期。

方国华、潘睿、陶长生、吴泽毅、蔡勇、郭相平，2004，《农业节水补偿激励机制研究》，《中国农村水利水电》第8期。

方虹、王红霞，2014，《基于全成本视角的中国稀土贸易代价及战略调整研究》，《财贸经济》第3期。

方琦、范斌，2016，《多元关系与运作逻辑：社会组织扶持政策设计基点分析》，《理论与改革》第6期。

丰亚丽，2011，《浅析农业节水灌溉问题及对策》，《北方水稻》第2期。

冯保清，2013，《我国不同尺度灌溉用水效率评价与管理研究》，中国水利水电科学研究院博士学位论文。

冯明侠、李录堂，2006，《东西方乡村经营管理人才的比较分析——以西方农场主与我国农民企业家为例》，《农村经济》第5期。

冯颖，2013，《农业节水技术补偿机制研究》，西北农林科技大学博士学位论文。

冯颖、屈国俊，2016，《农业节水技术补偿机制的利益相关者分析》，《节水灌溉》第7期。

冯颖、姚顺波、李晟，2013，《基于EDM的农业节水技术补偿》，《自然资源学报》第4期。

付饶、刘帅、宋国君，2017，《水资源全成本定价实证研究》，《中国物价》第1期。

高彤、杨姝影，2006，《国际生态补偿政策对中国的借鉴意义》，《环境保护》第10a期。

高影、赵晓军、吕晓乐，2018，《管理会计成本核算方法的融合探究》，《财会学习》第1期。

宫小伟，2013，《海洋生态补偿理论与管理政策研究》，中国海洋大学博士学位论文。

龚亚珍、韩炜、Michael Bennett、仇焕广，2016，《基于选择实验法的湿地保护区生态补偿政策研究》，《自然资源学报》第2期。

顾岗、陆根法、蔡邦成，2006，《南水北调东线水源地保护区建设的区际生态补偿研究》，《生态经济》第2期。

郭化林，2011，《高等教育私人完全成本与收益计量研究——基于全国15个省市的实证调查》，《教育发展研究》第11期。

郭江、李国平，2017，《CVM评估生态环境价值的关键技术综述》，《生态经济》第6期。

郭清斌、马中、周芳，2013，《可持续发展要求下的城市水价定价方法及应用》，《中国人口·资源与环境》第S2期。

郭庆人，2012，《膜下滴灌水稻栽培技术对降低甲烷气体排放以及化肥、农药施用污染的探讨》，《作物研究》第3期。

郭永奇、张红丽，2010，《基于膜下滴灌技术的农业节水补偿问题研究——来自新疆生产建设兵团石河子垦区的调查研究》，《科技与经济》第4期。

韩洪云、杨增旭，2010，《农户农业面源污染治理政策接受意愿的实证分析——以陕西眉县为例》，《中国农村经济》第1期。

韩念勇，2011，《草原的逻辑》，北京科学技术出版社。

韩青，2005，《农户灌溉技术选择的激励机制——一种博弈视角的分析》，《农业技术经济》第6期。

韩青、谭向勇，2004，《农户灌溉技术选择的影响因素分析》，《中国农村经济》第1期。

韩一军、李雪、付文阁，2015，《麦农采用农业节水技术的影响因素分析——基于北方干旱缺水地区的调查》，《南京农业大学学报》（社会科学版）第4期。

韩宇，2013，《城市水资源的开发与利用——以唐山湾生态城为例》，《城市建设理论研究》（电子版）第22期。

韩振中，2017，《节水灌溉发展“四轮驱动”策略》，《“三农”决策要参》第15期。

何蒲明、黎东升，2005，《农户技术选择行为对耕地可持续利用的影响》，《长江大学学报》（社会科学版）第4期。

洪尚群、马丕京、郭慧光，2001，《生态补偿制度的探索》，《环境科学与技术》第5期。

洪自同、郑金贵，2012，《农业机械购置补贴政策对农户粮食生产行为的影响——基于福建的实证分析》，《农业技术经济》第11期。

胡存智，2013，《中国耕地质量等级调查与评定》，中国大地出版社。

胡继连、葛颜祥，2004，《黄河水资源的分配模式与协调机制——兼论黄河水权市场的建设与管理》，《管理世界》第8期。

胡石清、乌家培，2011，《外部性的本质与分类》，《当代财经》第10期。

胡振通、孔德帅、靳乐山，2016，《草原生态补偿：弱监管下的博弈分析》，《农业经济问题》第1期。

胡振通、吴静、王亚华，2017，《中国农业节水形势与对策》，《“三农”决策要参》第11期。

黄富祥、康慕谊、张新时，2002，《退耕还林还草过程中的经济补偿问题探讨》，《生态学报》第4期。

黄士杰，2008，《膜下滴灌节水技术与设施栽培研究》，《北方园艺》第1期。

黄顺铭、李妍，2015，《移动阅读的“技术接受模型”（TAM）——一个结构方程模型的分析》，《新闻界》第21期。

黄修桥，2005，《灌溉用水需求分析与节水灌溉发展研究》，西北农林科技大学博士学位论文。

黄玉祥、韩文霆、周龙、刘文帅、刘军弟，2012，《农户节水灌溉技术认知及其影响因素分析》，《农业工程学报》第18期。

黄宗智，1986，《略论华北近数百年的小农经济与社会变迁——兼及社会经济史研究方法》，《中国社会经济史研究》第2期。

黄祖辉、梁巧，2007，《小农户参与大市场的集体行动——以浙江省箬横西瓜合作社为例的分析》，《农业经济问题》第9期。

贾卓、陈兴鹏、善孝玺，2012，《草地生态系统生态补偿标准和优先度研究——以甘肃省玛曲县为例》，《资源科学》第10期。

金京淑，2011，《中国农业生态补偿研究》，吉林大学博士学位论文。

金淑婷、杨永春、李博、石培基、魏伟、刘润、王梅梅、卢红，2014，《内陆河流域生态补偿标准问题研究——以石羊河流域为例》，《自然资源学报》第4期。

晋东海，2010，《河南省农村人口文化素质现状及对策研究》，西北大学硕士学位论文。

靳姗姗，2011，《干旱地区膜下滴灌条件下水盐运移规律及防治盐碱化的研究》，长安大学硕士学位论文。

康静、黄兴法，2013，《膜下滴灌的研究及发展》，《节水灌溉》第9期。

雷波，2005，《我国北方旱作区旱作节水农业综合效益评价研究——以山西寿阳为例》，中国农业科学院硕士学位论文。

李国平、王奕淇、张文彬，2015，《南水北调中线工程生态补偿标准研究》，《资源科学》第10期。

李海燕、蔡银莺，2014，《生计多样性对农户参与农田生态补偿政策响应状态的影响——以上海闵行区、苏州张家港市发达地区为例》，《自然资源学报》第10期。

李浩、黄薇、刘陶、彭智敏，2011，《跨流域调水生态补偿机制探讨》，《自然资源学报》第9期。

李后建，2012，《农户对循环农业技术采纳意愿的影响因素实证分析》，《中国农村观察》第2期。

李佳怡、李同昇、李树奎，2010，《不同农业技术扩散环境区农户技术采用行为分析——以西北干旱半干旱地区节水灌溉技术为例》，《水土保持通报》第5期。

李江、毛晓敏、刘易，2014，《基于景观单元的黑河中游地下水位变化研究》，《灌溉排水学报》第Z1期。

李娇、王志彬，2017，《基于Probit和Tobit双模型的农户节水灌溉技术采用行为研究——以张掖市为例》，《节水灌溉》第12期。

李俊利、张俊飚，2011，《农户采用节水灌溉技术的影响因素分析——来自河南省的实证调查》，《中国科技论坛》第8期。

李磊，2016，《首都跨界水源地生态补偿机制研究》，首都经济贸易大学博士学位论文。

李璐、张龙平，2012，《关于我国开展水环境审计的理论与实践探讨》，《中南财经政法大学学报》第6期。

李全新，2009，《西北农业节水生态补偿机制研究》，中国农业科学院博士学位论文。

李胜，2009，《两型社会环境治理的政策设计——基于参与人联盟与对抗的博弈分析》，《财经理论与实践》第5期。

李圣军，2008，《农户技术采纳中的微观选择与宏观行为分析》，《湖北经济学院学报》第1期。

李文华，2006，《生态系统服务研究是生态系统评估的核心》，《资源科学》第4期。

李晓光、苗鸿、郑华、欧阳志云、肖燚，2009，《机会成本法在确定生态补偿标准中的应用——以海南中部山区为例》，《生态学报》第9期。

李亚津，2013，《跨区域水权交易法律问题研究》，兰州大学硕士学位论文。

李莹，2016，《森林生态价值核算及生态补偿研究》，东北农业大学博士学位论文。

李珠怀，2014，《我国农业节水灌溉的补偿机制分析》，《水利发展研究》第4期。

梁增芳、肖新成、倪九派，2014，《三峡库区农户对农业面源污染治理的态度与政策响应——基于重庆市涪陵区南沱镇农户的调查问卷》，《农村经济》第7期。

林毅夫、沈明高，1991，《我国农业科技投入选择的探析》，《农业经济问题》第7期。

刘滨、康小兰、殷秋霞、黄敏，2014，《农业补贴政策对不同资源禀赋农户种粮决策行为影响机理研究——以江西省为例》，《农林经济管理学报》第4期。

刘桂环、文一惠、张惠远，2010，《基于生态系统服务的官厅水库流域生态补偿机制研究》，《资源科学》第5期。

刘红梅、王克强、黄智俊，2008，《影响中国农户采用节水灌溉技术行为的因素分析》，《中国农村经济》第4期。

刘慧，2010，《绿洲现代农业节水技术支撑体系及效益评价研究》，石河子大学硕士学位论文。

刘进、赵思诚、许庆，2017，《农民兼业行为对非农工资性收入的影响研究——来自CFPS的微观证据》，《财经研究》第12期。

刘菊、傅斌、王玉宽、陈慧，2015，《关于生态补偿中保护成本的研究》，《中国人口·资源与环境》第3期。

刘军弟、霍学喜、黄玉祥、韩文霆，2012，《基于农户受偿意愿的节水灌溉补贴标准研究》，《农业技术经济》第11期。

刘克春，2010，《粮食生产补贴政策对农户粮食种植决策行为的影响与作用机理分析——以江西省为例》，《中国农村经济》第2期。

刘七军，2012，《黑河中游农业土地利用变化对农户用水效率及其收入的影响——以民乐县和临泽县为例》，中国科学院研究生院博士学位论文。

刘同山、李竣，2017，《论中国小农户的前景与出路》，《中州学刊》第11期。

刘亚男，2013，《我国农业生态补偿法律制度完善研究》，西北农林科技大学硕士学位论文。

刘宇、黄季、王金霞，2009，《影响农业节水技术采用的决定因素》，《节水灌溉》第10期。

刘铮、张宇恒，2017，《基于共享发展理念的生态补偿机制研究——以新安江流域为例》，《毛泽东邓小平理论研究》第5期。

柳荻、胡振通、靳乐山，2018，《生态保护补偿的分析框架研究综述》，《生态学报》第2期。

陆静超、赫然，2016，《我国发展城市水资源循环经济的问题与对策研究》，《理论探讨》第3期。

吕杰、金雪、韩晓燕，2016，《农户采纳节水灌溉的经济及技术评价研究——以通辽市玉米生产为例》，《干旱区资源与环境》第10期。

罗小娟、冯淑怡、石晓平、曲福田，2013，《基于农户生物一经济模型的农业与环境政策响应模拟——以太湖流域为例》，《中国农村经济》第11期。

马丽、吕杰，2010，《农户采用保护性耕作技术的行为选择及其影响因素研究——基于辽宁省阜新市208户农户的调查与分析》，《调研世界》第2期。

满明俊、周民良、李同昇，2010，《农户采用不同属性技术行为的差异分析——基于陕西、甘肃、宁夏的调查》，《中国农村经济》第2期。

孟夏、张庆华、李博杰，2008，《我国节水灌溉存在的问题与对策》，《安徽农业科学》第4期。

民勤县水务局，2013，《滴灌节水技术服务手册》。

牛海鹏，2010，《耕地保护的外部性及其经济补偿研究》，华中农业大学博士学位论文。

牛海鹏、王坤鹏，2017，《基于单边界二分式CVM的不同样本方案下耕地保护外部性测度与分析——以河南省焦作市为例》，《资源科学》第7期。

牛海鹏、张杰、张安录，2014，《耕地保护经济补偿的基本问题分析及其政策路径》，《资源科学》第3期。

潘丹，2016，《基于农户偏好的牲畜粪便污染治理政策选择——以生猪养殖为例》，《中国农村观察》第2期。

彭致功、刘钰、许迪、王蕾，2012，《农业节水措施对地下水涵养的作用及其敏感性分析》，《农业机械学报》第7期。

乔丹、陆迁、徐涛，2016，《农村小型水利设施合作供给意愿影响因素分析——基于多群组结构方程模型》，《农村经济》第3期。

乔丹、陆迁、徐涛，2017a，《社会网络、推广服务与农户节水灌溉技术采用——以甘肃省民勤县为例》，《资源科学》第3期。

乔丹、陆迁、徐涛，2017c，《社会网络、信息获取与农户节水灌溉技术采用——以甘肃省民勤县为例》，《南京农业大学学报》（社会科学版）第4期。

乔丹、陆迁、徐涛、赵敏娟，2017b，《信息渠道、学习能力与农户节水灌溉技术选择——基于民勤绿洲的调查研究》，《干旱区资源与环境》第2期。

秦艳红、康慕谊，2011，《基于机会成本的农户参与生态建设的补偿标准——以吴起县农户参与退耕还林为例》，《中国人口·资源与环境》第S2期。

任珩、赵成章、安丽涓，2014，《基于突变级数法的民勤绿洲水资源管理政策绩效评价》，《资源科学》第5期。

任勇、冯东方、俞海，2008，《中国生态补偿理论与政策框架设计》，中国环境科学出版社。

任月君，2005，《全面收益理论与损益确认原则——实现原则、权责发生制原则利弊谈》，《财经问题研究》第2期。

商务印书馆编辑部，1983，《词源》（修订版），商务印书馆。

尚海庆、王振，2010，《地膜覆盖封闭除草剂药害的研究》，《农药》第5期。

沈满洪、高登奎，2009，《水源保护补偿机制构建》，《经济地理》第10期。

史恒通、赵敏娟，2015，《基于选择试验模型的生态系统服务支付意愿差异及全价值评估——以渭河流域为例》，《资源科学》第2期。

司徒淞、张薇，1996，《节水农业与实践》，《农业工程学报》第1期。

宋健峰，2013，《农业节水补贴标准理论研究》，《灌溉排水学报》第5期。

宋振峰，2015，《民勤成为国家高效节水灌溉示范县》，《每日甘肃网－甘肃日报》10月5日。

苏芳、尚海洋，2013，《生态补偿方式对农户生计策略的影响》，《干旱区资源与环境》第2期。

苏岳静、胡瑞法、黄季焜、范存会，2004，《农民抗虫棉技术选择行为及其影响因素分析》，《棉花学报》第5期。

孙博、段伟、丁慧敏、冯彦、温亚利，2017，《基于选择实验法的湿地保护区农户生态补偿偏好分析——以陕西汉中朱鹮国家级自然保护区周边社区为例》，《资源科学》第9期。

谭秋成，2009，《关于生态补偿标准和机制》，《中国人口·资源与环境》第6期。

谭永忠、陈佳、王庆日、牟永铭、刘怡、施雅娟，2012，《基于选择试验模型的基本农田非市场价值评估——以浙江省德清县为例》，《自然资源学报》第11期。

谭仲春、张巧云、谭淑豪、石洁晴、张伟，2014，《典型草原牧区“生态奖补”政策落实及牧户偏好研究》，《生态经济》（中文版）第10期。

唐博文、罗小锋、秦军，2010，《农户采用不同属性技术的影响因素分析——基于9省（区）2110户农户的调查》，《中国农村经济》第6期。

万志超、王亚杰，2013，《基于商品属性的消费者个性化偏好模型研究》，《北京邮电大学学报》（社会科学版）第5期。

汪少文、胡震云，2013，《基于利益相关者的农业节水补偿机制研究》，《求索》第12期。

王爱敏，2016，《水源地保护区生态补偿制度研究》，山东农业大学博士学位论文。

王朝才、刘军民，2012，《中国生态补偿的政策实践与几点建议》，《经济研究参考》第1期。

王迪、聂锐、王胜洲，2012，《耕地保护外部性及其经济补偿研究进展》，《中国人口·资源与环境》第10期。

王浩，2006，《我国水资源合理配置的现状和未来》，《水利水电技术》第2期。

王红梅、王振杰，2016，《环境治理政策工具比较和选择——以北京PM2.5治理为例》，《中国行政管理》第8期。

王洪源、李光永，2010，《滴灌模式和灌水下限对甜瓜耗水量和产量的影响》，《农业机械学报》第5期。

王金南、万军、张惠远，2006，《关于我国生态补偿机制与政策的几点认识》，《环境保护》第10a期。

王军，2009，《企业环境行为的经济分析与伦理构建》，《江西农业大学学报》（社会科学版）第1期。

王军锋、侯超波，2013，《中国流域生态补偿机制实施框架与补偿模式研究——基于补偿资金来源的视角》，《中国人口·资源与环境》第2期。

王俊舜，2008，《面向国土主功能区划的生态市场机制构建与分析》，中山大学硕士学位论文。

王克强、刘红梅、黄智俊，2006，《节水灌溉设施技术创新激励的博弈分析》，《软科学》第5期。

王凌燕，2012，《从农村土地流转角度看空心村的治理》，浙江大学硕士学位论文。

王鑫林，2013，《农村空心化背景下的土地撂荒现象及治理探讨》，西南财经大学硕士学位论文。

王学恭、白洁，2009，《西北牧区草地生态建设补偿依据与标准研究——以退牧还草工程为例》，《水土保持研究》第3期。

王正淑，2016，《基于碳汇的县南沟流域退耕生态林补偿标准研究》，中国科学院大学硕士学位论文。

王志忠，2014，《通辽市灌溉水有效利用系数测算分析》，吉林大学硕士学位论文。

韦惠兰、宗鑫，2016，《禁牧草地补偿标准问题研究——基于最小数据方法在玛曲县的运用》，《自然资源学报》第1期。

韦琳，2012，《中国生态系统服务付费（PES）的实践发展及制度障碍》，对外经济贸易大学硕士学位论文。

尉红侠、张晓利、黄志刚，2007，《膜下滴灌技术效益分析与推广建议》，《水利水电技术》第4期。

Wu Hui - juan、Richard Darton、Alistair Borthwick、Ni Jin - ren，2012，《河流健康检测：水可持续发展评估和河流可持续发展指数》，《人民黄河》第10期。

吴景社，2003，《区域节水灌溉综合效益评价方法与应用研究》，西北农林科技大学博士学位论文。

吴连翠、蔡红辉，2010，《粮食补贴政策对农户种植决策行为影响的实证分析——基于安徽省17个地市421户农户的调查数据》，《经济与管理》第7期。

吴晓青、洪尚群、段昌群、曾广权、夏丰、陈国谦、叶文虎，2003，《区际生态补偿机制是区域间协调发展的关键》，《长江流域资源与环境》第1期。

〔美〕西奥多·W. 舒尔茨，2006，《改造传统农业》，梁小民译，商务印书馆。

向东梅、周洪文，2007，《现有农业环境政策对农户采用环境友好技术行为的影响分析》，《生态经济》第2期。

肖大伟，2010，《中国农业直接补贴政策研究》，东北农业大学博士学位论文。

肖建红、王敏、于庆东、张志刚，2016，《海岛型旅游目的地生态补偿标准及其差异研究——以普陀山、朱家尖、桃花岛和南北长山岛为例》，《旅游科学》第4期。

肖文金、陈海波，2011，《发达国家农产品流通渠道的演化趋势及其启示》，《江汉论坛》第10期。

肖新，2007，《南方丘陵季节性干旱区节水稻作综合效益研究及效益评价》，南京农业大学博士学位论文。

谢高地、曹淑艳、鲁春霞、张昌顺、肖玉，2015，《中国生态补偿的现状与趋势》，《Journal of Resources and Ecology（资源与生态学报英文版）》第6期。

谢臻、张凤荣、王瀚巍、孙丹峰、伦飞、李超，2017，《基于节水灌溉技术的民勤绿洲土地利用空间布局和利用方式调整》，《中国农业大学学报》第22卷，第10期。

邢英英、张富仓、吴立峰、范军亮、张燕、李静，2015，《基于番茄产量品质水肥利用效率确定适宜滴灌灌水施肥量》，《农业工程学报》第S1期。

熊鹰、王克林、郭娴、谢春花，2004，《生态足迹在可持续性定量测度中的应用——以湖南省2000年为例》，《长江流域资源与环境》第4期。

徐大伟、常亮、侯铁珊、赵云峰，2012，《基于WTP和WTA的流域生态补偿标准测算——以辽河为例》，《资源科学》第7期。

徐鸿翔、张文彬，2017，《国家重点生态功能区转移支付的生态保护效应研究——基于陕西省数据的实证研究》，《中国人口·资源与环境》第11期。

徐涛、姚柳杨、乔丹、陆迁、颜俨、赵敏娟，2016b，《节水灌溉技术社会生态效益评估——以石羊河下游民勤县为例》，《资源科学》第10期。

徐涛、赵敏娟、李二辉、乔丹，2018b，《技术认知、补贴政策对农户不同节水技术采用阶段的影响分析》，《资源科学》第4期。

徐涛、赵敏娟、李二辉、乔丹、陆迁，2018a，《规模化经营与农户“两型技术”持续采纳——以民勤县滴灌技术为例》，《干旱区资源与环境》第2期。

徐涛、赵敏娟、姚柳杨、乔丹，2016a，《农业生产经营形式选择：规模、组织与效率》，《农业技术经济》第2期。

许朗、刘金金，2013，《农户节水灌溉技术选择行为的影响因素分析——基于山东省蒙阴县的调查数据》，《中国农村观察》第6期。

阎文圣、肖焰恒，2002，《中国农业技术应用的宏观取向与农户技术采用行为诱导》，《中国人口·资源与环境》第3期。

杨光梅、闵庆文、李文华，2007，《我国生态补偿研究中的科学问题》，《生态学报》第10期。

杨青龙，2011，《国际贸易的全成本观：一个新的理论视角》，《国际经贸探索》第2期。

杨全斌，2014，《民勤县滴灌工程现状探讨》，《甘肃农业》第17期。

杨水清、鲁耀斌、曹玉枝，2012，《移动支付服务初始采纳模型及其实证研究》，《管理学报》第9期。

杨唯一、鞠晓峰，2014，《基于博弈模型的农户技术采纳行为分析》，《中国软科学》第11期。

杨欣、Michael B、张安录，2016，《基于潜在分类模型的农田生态补偿标准测算——一个离散选择实验模型的实证》，《中国人口·资源与环境》第7期。
杨欣、蔡银莺，2012，《农田生态补偿方式的选择及市场运作——基于武汉市383户农户问卷的实证研究》，《长江流域资源与环境》第5期。
杨雪阳，2014，《我国流域生态补偿法律制度研究》，湖南大学硕士学位论文。
姚柳杨、赵敏娟、徐涛，2016，《经济理性还是生态理性？农户耕地保护的行为逻辑研究》，《南京农业大学学报》（社会科学版）第5期。
姚柳杨、赵敏娟、徐涛，2017，《耕地保护政策的社会福利分析：基于选择实验的非市场价值评估》，《农业经济问题》第2期。
姚增福、李全新，2015，《基于最优社会保障规模视角农户农业节水补偿标准研究》，《干旱区资源与环境》第6期。
叶春兰、王宏伟，2008，《草地节水灌溉工程综合效益评价方法研究》，《内蒙古农业大学学报》（自然科学版）第1期。
易行健、张波、杨汝岱、杨碧云，2012，《家庭社会网络与农户储蓄行为：基于中国农村的实证研究》，《管理世界》第5期。
于文斌，2016，《民勤县荒漠化草地治理监测与效益评价》，兰州大学硕士学位论文。
于洋、杨光、张今华，2013，《基于外部效益的吉林省耕地保护经济补偿标准的实证分析》，《湖北农业科学》第16期。
余安，2012，《农户节水灌溉技术采用意愿及影响因素》，浙江大学硕士学位论文。
余亮亮、蔡银莺，2015，《基于农户满意度的耕地保护经济补偿政策绩效评价及障碍因子诊断》，《自然资源学报》第7期。
俞路、姚天祥，2004，《水资源全成本定价问题》，《地域研究与开发》第1期。
虞锡君，2007，《构建太湖流域水生态补偿机制探讨》，《农业经济问题》第9期。

袁寿其、李红、王新坤，2015，《中国节水灌溉装备发展现状、问题、趋势与建议》，《排灌机械工程学报》第1期。

袁伟彦、周小柯，2014，《生态补偿问题国外研究进展综述》，《中国人口·资源与环境》第11期。

苑全治、郝晋珉、张玲俐、王博祺、龙鑫，2010，《基于外部性理论的区域耕地保护补偿机制研究——以山东省潍坊市为例》，《自然资源学报》第4期。

岳尚华，2013，《直面水危机——王浩：中国水现状不容乐观——访中国工程院院士、中国水利水电科学研究院水资源所名誉所长王浩》，《地球》第10期。

曾捷，2014，《新版"绿色建筑评价标准"中给排水要求简析》，《给水排水》第12期。

曾维军，2014，《基于农户意愿的减施化肥生态补偿研究》，昆明理工大学博士学位论文。

曾杨梅、张俊飚、何可、程琳琳，2017，《农户农业技术采用现状、影响因素与对策：一篇文献综述》，《科技管理研究》第37卷，第1期。

张兵兵、沈满洪，2016，《工业用水库兹涅茨曲线分析》，《资源科学》第1期。

张红丽、郭永奇、刘慧，2011，《绿洲现代农业节水技术体系及效益评价》，《科技与经济》第3期。

张可云、刘映月，2011，《主体功能区规划实施机制的思考》，《人民论坛》第17期。

张理鑫，2016，《我国生态补偿法律机制研究》，吉林大学硕士学位论文。

张乃羽，2015，《我国流域生态补偿制度的法律思考》，上海全国环境资源法学研讨会。

张淑兰，2014，《民勤县高效节水灌溉探讨》，《发展》第8期。

张学斌、石培基、罗君、刘海龙、魏伟，2014，《基于景观格局的干旱内陆河流域生态风险分析——以石羊河流域为例》，《自然资源学报》第3期。

张彦君、郑少锋，2014，《农户对良种补贴方式的选择偏好研究——以陕西省为例》，《农村经济》第5期。

张彦群、王建东、龚时宏、隋娟，2015，《滴灌条件下冬小麦施氮增产的光合生理响应》，《农业工程学报》第6期。

张宇，2012，《公共利益：谁来界定？如何整合？——基于公共政策制定视角的分析》，《甘肃社会科学》第4期。

章锦河、张捷、梁玥琳、李娜、刘泽华，2005，《九寨沟旅游生态足迹与生态补偿分析》，《自然资源学报》第5期。

赵春光，2009，《我国流域生态补偿法律制度研究》，中国海洋大学博士学位论文。

赵翠薇、王世杰，2010，《生态补偿效益、标准——国际经验及对我国的启示》，《地理研究》第4期。

赵广川、马超、孙嘉尉，2015，《健康改善的经济价值——基于“全收益”视角》，《财贸研究》第4期。

赵卉卉、张永波、王明旭，2014，《中国流域生态补偿标准核算方法进展研究》，《环境科学与管理》第39卷，第1期。

赵姜、龚晶、孟鹤，2016，《发达国家农业节水生态补偿的实践与经验启示》，《中国农村水利水电》第10期。

赵景柱、罗祺姗、严岩、段靖、丁丁，2006，《完善我国生态补偿机制的思考》，《宏观经济管理》第8期。

赵明奇，2015，《农村剩余劳动力转移对农业现代化的影响分析》，河南大学硕士学位论文。

赵雪雁，2012，《生态补偿效率研究综述》，《生态学报》第6期。

赵雪雁、李巍、王学良，2012，《生态补偿研究中的几个关键问题》，《中国人口·资源与环境》第2期。

赵雪雁、张丽、江进德、侯成成，2013，《生态补偿对农户生计的影响——以甘南黄河水源补给区为例》，《地理研究》第3期。

赵彦泰，2010，《美国的生态补偿制度》，中国海洋大学硕士学位论文。

中国大百科全书出版社《简明不列颠百科全书》编辑部，1986，《简明不列颠百科全书》，中国大百科全书出版社。

中华人民共和国水利部，2017，《2016年中国水资源公报》，中国水利水电出版社。

周芳、霍学喜，1999，《简论发达国家的农业扶持政策及启示》，《经济问题》第2期。

周建华、杨海余、贺正楚，2012，《资源节约型与环境友好型技术的农户采纳限定因素分析》，《中国农村观察》第2期。

周未、刘涵、王景旭、杨凡，2010，《农户超级稻品种采纳行为及影响因素的实证研究——基于湖北省农户种植超级稻的调查》，《华中农业大学学报》（社会科学版）第4期。

周小亮、笪贤流，2009，《效用、偏好与制度关系的理论探讨——反思消费者选择理论偏好稳定之假设》，《学术月刊》第1期。

周小亮、笪贤流，2010，《基于偏好、偏好演化的偏好融合及其经济学意义》，《经济学家》第4期。

周晓熙、郑旭荣，2007，《节水农业补偿实践——以新疆奎屯河流域灌区为例》，《中国农村水利水电》第4期。

Abdulai A., Huffman W. E. 2005. The Diffusion of New Agricultural Technologies: the Case of Crossbred - cow Technology in Tanzania. *American Journal of Agricultural Economics*, 87 (3): 645 - 659.

Adamowicz W. L., Bhardwaj V., Macnab B. 1993. Experiments on the Difference between Willingness to Pay and Willingness to Accept. *Land Economics*, 69 (4): 416.

Adamowicz W., Boxall P., Williams M., Louviere J. 1998. Stated Preference Approaches for Measuring Passive Use Values: Choice Experiments and Contingent Valuation. *American Journal of Agricultural Economics*, 80 (1): 64 – 75.

Asquith N. M., Vargas M. T., Wunder S. 2008. Selling Two Environmental Services: In – kind Payments for Bird Habitat and Watershed Protection in Los Negros, Bolivia. *Ecological Economics*, 65 (4): 675 – 684.

Bagdi G. L., Mishra P. K., Kurothe R. S., Singh A. K., et al. 2015. Post – adoption Behavior of Farmers towards Soil and Water Conservation Technologies of Watershed Management in India. I*nternational Soil and Water Conservation Research*, 3 (3): 161 – 169.

Becker G. S., Philipson T. J., Soares R. R. 2005. The Quantity and Quality of Life and the Evolution of World Inequalityr. *American Economic Review*, 95 (1): 277 – 291.

Beharry – Borg N., Scarpa R. 2010. Valuing Quality Changes in Caribbean Coastal Waters for Heterogeneous Beach Visitors. *Ecological Economics*, 69 (5): 1124 – 1139.

Bhattacherjee A. 2001. Understanding Information Systems Continuance: An Expectation – confirmation Model. *MIS Quarterly*, 25 (3): 351 – 370.

Bonabana – Wabbi J. 2002. Assessing Factors Affecting Adoption of Agricultural Technologies: The Case of Integrated Pest Management (IPM) in Kumi district, Eastern Uganda. Virginia Polytechnic Institute and State University.

Bowles S., Sung – Ha H. 2008. Social Preferences and Public Economics: Mechanism Design When Social Preferences Depend on Incentives. Journal of Public Economics, 92 (8): 1811 - 1820.

Broch S. W., Vedel S. E. 2012. Using Choice Experiments to Investigate the Policy Relevance of Heterogeneity in Farmer Agri - environmental Contract Preferences. *Environmental & Resource Economics*, 51 (4): 561 - 581.

Brodt S., Klonsky Y. K., Tourte L. 2006. Farmer Goals and Management Styles: Implications for Advancing Biologically Based Agriculture. *Agricultural Systems*, 89 (1): 90 - 105.

Brouwer R., Martinortega J., Berbel J. 2010. Spatial Preference Heterogeneity: A Choice Experiment. *Land Economics*, 86 (3): 552 - 568.

Carey J. M., Zilberman D. 2002. A Model of Investment under Uncertainty: Modern Irrigation Technology and Emerging Markets in Water. *American Journal of Agricultural Economics*, 84 (1): 171 - 183.

Carson R. T., Hanemann W. M. 2005. Contingent Valuation. *Handbook of Environmental Economics*, (2): 821 - 936.

Chayanov A. V. 1966. The Theory of Peasant Economy. *Homewood American Economic Association.*

Coase R. H. 1960. "The Problem of Social Cost," in *Classic Papers in the Natuaral Resource Economics.* Palgrave Macmillan, London, pp. 87 - 137.

Doherty E., Campbell D. 2011. Demand for Improved Food Safety and Quality: A Cross - regional Comparison. *Agricultural Economics Society.*

Dong D., Saha A. 1998. He Came, He Saw, (and) He Waited: An Empirical Analysis of Inertia in Technology Adoption. *Applied Economics*, 30 (7): 893 - 905.

Duke J. M. , Borchers A. M. , Johnston R. J. , Absetz S. 2012. Sustainable Agricultural Management Contracts: Using Choice Experiments to Estimate the Benefits of Land Preservation and Conservation Practices. *Ecological Economics*, 74: 95 - 103.

Ellis F. 1993. Peasant Economics: Farm Households in Agrarian Development. Cambridge University Press.

Ervin C. A. , Ervin D. E. 1982. Factors Affecting the Use of Soil Conservation Practices: Hypotheses, Evidence, and Policy Implications. *Land Economics*, 58 (3): 277 - 292.

Feder G. 1980. Farm Size, Risk Aversion and the Adoption of New Technology under Uncertainty. *Oxford Economic Papers*, 32 (2): 263 - 283.

Gintis H. 2000. Beyond Homo Economicus: Evidence from Experimental Economics. *Ecological Economics*, 35 (3): 311 - 322.

Hanley N. , Hanley R. E. , Adamowicz V. 1998. Using Choice Experiments to Value the Environment. *Environmental and Resource Economics*, 11 (3 - 4): 413 - 428.

Hensher D. A. , Greene W. H. 2003. The Mixed Logit Model: The State of Practice. *Transportation*, 30 (2): 133 - 176.

Hensher D. , Shore N. , Train K. 2005. Households' Willingness to Pay for Water Service Attributes. *Environmental and Resource Economics*, 32 (4): 509 - 531.

Hicks J. R. , Allen R. G. D. 1934. A Reconsideration of the Theory of Value. Part I. *Economica*, 1 (1): 52 - 76.

Hoffman R. L. , Herman G. S. 2008. Transistor Using an Isovalent Semiconductor Oxide as the Active Channel Layer. *US*, *US*7462862.

Horowitz J. K. , McConnell K. E. 2002. A Review of WTA/WTP Studies. *Journal of Environmental Economics and Management*, 44

(3): 426 - 447.

Hussain I. 2007. Direct and Indirect Benefits and Potential Disbenefits of Irrigation: Evidence and Lessons. *Irrigation and Drainage*, 56 (2 - 3): 179 - 194.

Jack K. 2009. Barriers to Agricultural Technology Adoption: Market Failures. *White Paper Prepared for The Agricultural Technology Adoption Initiative*, *JPAL* (*MIT*) /*CEGA* (*Berkeley*).

Johnston R. J., Duke J. M. 2007. Willingness to Pay for Agricultural Land Preservation and Policy Process Attributes: Does the Method Matter? *American Journal of Agricultural Economics*, 89 (4): 1098 - 1115.

Kaczan D., Swallow B. M. 2013. Designing a Payments for Ecosystem Services (PES) Program to Reduce Deforestation in Tanzania: An Assessment of Payment Approaches. *Ecological Economics*, 95: 20 - 30.

Kemkes R. J., Farley J., Koliba C. J. 2010. Determining When Payments Are an Effective Policy Approach to Ecosystem Service Provision. *Ecological Economics*, 69 (11): 2069 - 2074.

Lant C. L., Ruhl J. B., Kraft S. E. 2008. The Tragedy of Ecosystem Services. *Social Science Electronic Publishing*, 58 (10): 969 - 974.

Limayem M., Cheung C., Chan G. 2003. Explaining Information Systems Adoption and Post - adoption: Toward an Integrative Model. *ICIS* 2003 *Proceedings*: 59.

Lindner R. K. 1980. Farm Size and the Time Lag to Adoption of A Scale Neutral Innovation. Mimeograghed Adelaide: University of Adelaide.

Lopez - Feldman A. 2013. Introduction to Contingent Valuation Using Stata. *Stata Users Group*.

Lu J., Yao J. E., Yu C. S. 2005. Personal Innovativeness, Social Influences and Adoption of Wireless Internet Services via Mobile Technology. *The Journal of Strategic Information Systems*, 14 (3): 245 – 268.

Mahieu P. A., Riera P., Giergiczny M. 2012. Determinants of Willingness – to – pay for Water Pollution Abatement: A Point and Interval Data Payment Card Spplication. *Journal of Environmental Management*, 108: 49 – 53.

McFadden D. 1972. Conditional Logit Analysis of Qualitative Choice Behavior. *Frontiers in Econometrics*: 105 – 142.

Mobarak A. M., Rosenzweig M. R. 2012. Selling Formal Insurance to the Informally Insured. *Ssrn Electronic Journal.*

Morrison M., Bennett J., Blamey R., Louviere J. 2002. Choice Modeling and Tests of Benefit Transfer. *American Journal of Agricultural Economics*, 84 (1): 161 – 170.

Muradian R., Corbera E., Pascual U., Kosoy N., May P. H. 2010. Reconciling Theory and Practice: An Alternative Conceptual Framework for Understanding Payments for Environmental Services. *Ecological Economics*, 69 (6): 1202 – 1208.

Muradian R., Rival L. 2012. Between Markets and Hierarchies: The Challenge of Governing Ecosystem Services. *Ecosystem Services*, 1 (1): 93 – 100.

Pagiola S., Platais G. 2007. Payments for Environmental Services: From Theory to Practice. World Bank, Washington.

Pagiola S., Ramírez E., Gobbi J., de Haan C., Ibrahim M., Murgueitio E., Ruíz J. P. 2007. Paying for the Environmental Services of Silvopastoral Practices in Nicaragua. *Ecological Economics*, 64 (2): 374 – 385.

Pigou A. C. 1920. The Economics of Welfare, 4th. *London*: *Macnillam.*

Rolfe J. , Bennett J. 2009. The Impact of Offering Two versus Three Alternatives in Choice Modelling Experiments. *Ecological Economics*, 68 (4): 1140 - 1148.

Ruto E. , Garrod G. 2009. Investigating Farmers' Preferences for the Design of Agri - environment Schemes: A Choice Experiment Approach. *Journal of Environmental Planning & Management*, 52 (5): 631 - 647.

Samuelson P. A. 1938. A Note on the Pure Theory of Consumer's Behaviour. *Economica*, 5 (17): 61 - 71.

Schulz N. , Breustedt G. , Latacz - Lohmann. 2013. Assessing Farmers' Willingness to Accept "Greening": Insights from A Discrete Choice Experiment in Germany. *Journal of Agricultural Economics*, 65 (1): 26 - 48.

Sommerville M. M. , Jones J. P. G. , Milnergulland E. J. 2009. A Revised Conceptual Framework for Payments for Environmental Services. *Ecology & Society*, 14 (2): 544 - 544.

Spaulding A. D. , Tudor K. W. , Mahatanankoon P. 2015. The Effects of Outcome Expectations on Individual's Anxiety and Continued Usage of Mobile Devices: A Post - adoption Study. *International Food and Agribusiness Management Review*, 18 (4): 173.

Stithou M. , Hynes S. 2012. Estimating the Value of Achieving "Good Ecological Status" in the Boyne River Catchment in Ireland Using Choice Experiments. *Economic & Social Review*, 43: 397 - 422.

Tacconi L. 2012. Redefining Payments for Environmental Services. *Ecological Economics*, 73: 29 - 36.

Train K. E. 2003. Discrete Choice Methods with Simulation. Cambridge University Press.

Train K. E. 2009. Discrete Choice Methods with Simulation. Cambridge University Press.

Villanueva A. J. , Gómez – Limón J. A. , Arriaza M. , Rodríguez – Entrena M. 2015. The Design of Agri – Environmental Schemes: Farmers' Preferences in Southern Spain. *Land Use Policy*, 46: 142 – 154.

Wang X. , Bennett J. , Xie C. , Zhang Z. , Liang D. 2006. Estimating Non – market Environmental Benefits of the Conversion of Cropland to Forest and Grassland Program: A Choice Modeling Approach. *Ecological Economics*, 63 (1): 114 – 125.

Wunder S. 2005. Payments for Environmental Services: Some Nuts and Bolts.

Wunder S. 2015. Revisiting the Concept of Payments for Environmental Services. *Ecological Economics*, 117: 234 – 243.

Wünscher T. , Engel S. , Wunder S. . 2008. Spatial Targeting of Payments for Environmental Services: A Tool for Boosting Conservation Benefits. *Ecological economics*, 65 (4): 822 – 833.

Zbinden S. , Lee D. R. 2005. Paying for Environmental Services: An Analysis of Participation in Costa Rica's PSA Program. *World Development*, 33 (2): 255 – 272.

图书在版编目(CIP)数据

节水农业补贴政策设计：全成本收益与农户偏好视角／徐涛，赵敏娟著．-- 北京：社会科学文献出版社，2019.12

（中国"三农"问题前沿丛书）

ISBN 978-7-5201-5471-0

Ⅰ.①节…　Ⅱ.①徐…②赵…　Ⅲ.①农业-政府补贴-财政政策-研究-中国　Ⅳ.①F812.0

中国版本图书馆CIP数据核字(2019)第201614号

中国"三农"问题前沿丛书

节水农业补贴政策设计

——全成本收益与农户偏好视角

著　者／徐　涛　赵敏娟

出 版 人／谢寿光

责任编辑／任晓霞

文稿编辑／李吉环

出　版／社会科学文献出版社·群学出版分社（010）59366453

地址：北京市北三环中路甲29号院华龙大厦　邮编：100029

网址：www.ssap.com.cn

发　行／市场营销中心（010）59367081　59367083

印　装／三河市尚艺印装有限公司

规　格／开　本：787mm×1092mm　1/16

印　张：14.5　字　数：186千字

版　次／2019年12月第1版　2019年12月第1次印刷

书　号／ISBN 978-7-5201-5471-0

定　价／79.00元

本书如有印装质量问题，请与读者服务中心（010-59367028）联系